Paul Claudel

L'Annonce faite à Marie

Version définitive pour la scène
Édition présentée, établie et annotée
par Michel Autrand
Professeur à l'Université de Paris-Sorbonne

Gallimard

PRÉFACE

*Il n'a pas même manqué à la célébrité de l'*Annonce faite à Marie *de subir, selon la plus ancienne tradition, les plaisants outrages de la parodie.* L'Annonce faite au mari [1] *atteste à sa manière le succès qu'a connu la pièce. C'est elle qui, pour le grand public, a fait le renom de Claudel, et elle est un des textes dramatiques à figurer dans les tout premiers au palmarès de la scène française du* XXe *siècle. Pareille réussite, à la réflexion, n'a rien de surprenant.*

1. La fable

Le sujet de l'histoire est à la fois sans surprise et merveilleux. Qu'une jeune sœur, jalouse de son aînée, saisisse l'occasion de lui prendre son fiancé ; que le père soutienne l'aînée, la mère, la cadette ; que l'aînée, malgré la déchéance survenue, prête encore assistance à sa terrible sœur, et que cette dernière lui montre sa reconnaissance en la tuant ; et que les derniers moments soient ceux d'un pardon général : voilà tous les éléments d'un drame domestique autour de la rivalité de deux sœurs que l'art et la

---

1. Dans *À la manière de...* de Paul Reboux et Charles Müller (1912).

fable n'ont cessé de répéter ou de retrouver[1]*. C'est une de ces situations et péripéties de base qui éveillent chez tous des échos.*

Mais ce sujet simple présente en même temps une face merveilleuse, et la conjonction des deux aspects a de quoi retenir. La lèpre et le miracle en sont les deux traits principaux. Violaine, la sœur aînée, a été désirée par un savant étranger, l'architecte Pierre de Craon qui a constaté, depuis, qu'il avait contracté la lèpre. La jeune fille, lui donnant un baiser, devient à son tour victime de l'implacable mal. Parallèlement, le Père, Anne Vercors, déclare son intention de partir pour Jérusalem : il entend marier auparavant Violaine avec Jacques Hury qui dirigera désormais le domaine. Mara, la cadette, désire en fait Jacques et multiplie les pressions sur Élisabeth, la Mère. Le Père parti, Violaine, dénoncée à Jacques par sa sœur, dévoile au jeune homme la tache infamante. Celui-ci la chasse de la maison ; elle part vivre dans une lande sinistre : le Géyn. Sept ans plus tard, elle y reçoit durant la nuit de Noël la visite de sa sœur Mara qui porte dans ses bras le cadavre de l'enfant qu'elle avait eu de Jacques. Mara exige que sa sœur obtienne de Dieu la résurrection de la petite fille. Le miracle a lieu. Pour tout remerciement, Mara essaie de tuer sa sœur. Jacques et le Père qui revient alors apprennent ce qui s'est passé. Ils unissent leur pardon à celui que Violaine mourante donne à sa sœur.

Comme on le voit, les éléments merveilleux occupent une place de premier plan dans cette trame. La lèpre, si parlante à notre imaginaire, est mystérieusement liée à des instants de désir, d'égarement sensuels : Pierre a voulu violer Violaine (v. 5-6), Violaine a eu de tout son être un élan vers Pierre (v. 243 sq).

---

1. *Cendrillon* en serait un exemple. Le roman de Zola, *La Joie de vivre*, dont Claudel a dit à plusieurs reprises qu'il l'avait beaucoup aimé, repose sur la rivalité entre deux jeunes femmes, Pauline et Louise, que la situation amène à vivre comme deux sœurs.

Quelle est cette force destructrice attachée à la chair comme une punition et comme une promesse, qui arrache si brutalement les êtres à tout ce qu'ils aimaient jusque-là ? Quel est ensuite cet étrange appel, autre lèpre, qui va, au seuil du troisième âge, jeter sur les routes un père de famille, en dépit de tout bon sens, au détriment de l'équilibre et du bonheur des siens ? Folie de l'amour et de la mort, folie du départ : on ajouterait aussi bien la folie rageuse de Mara terrorisant sa mère pour faire casser le mariage de sa sœur (v. 436, 438). Seuls la Mère et le brave Jacques restent non touchés par ces forces aberrantes qui traversent les personnages dès le début de la pièce. Encore plus merveilleuse la suite, qui s'ordonne autour d'un miracle. Afin que Violaine montre son abnégation et l'ardeur de son amour pour sa sœur, fallait-il aller jusqu'à mettre en scène la résurrection d'un enfant mort ? Les racines mêmes du merveilleux, celles qui font les religions et le sacré, sont ici audacieusement exposées. Et quand Mara ensuite veut tuer Violaine, l'intensité des jeux de la mort et de la vie entre les deux sœurs atteint un sommet. D'autant que — autre fait miraculeux — les yeux de l'enfant ressuscité ne sont plus les mêmes : ils ont pris la couleur des yeux de celle qui vient de le mettre au monde une seconde fois.

Une force scénique rare résulte de l'étroite imbrication d'éléments aussi fabuleux avec l'aspect concret d'une situation paysanne banale. Le surnaturel ne peut jamais s'envoler, le naturel paysan jamais s'enliser.

2. Le titre

L'Annonce faite à Marie, *un titre qu'on n'oublie pas. Il est plus original*[1], *plus solennel, plus énigmatique que* La

---

1. Sa forme même ne ressemble à celle d'aucun titre célèbre.

Jeune Fille Violaine, *premier titre que vingt ans plus tôt Claudel avait donné d'abord à la même histoire. Le nom de l'héroïne a cédé la place à une formule qui fait rêver à toutes les Annonciations dont les peintres ont peuplé mémoires et musées. Le plus humble même et le plus connu des tableaux paysans du XIXe siècle,* L'Angelus *de Millet, n'a pas d'autre sujet. Un monde apaisant resurgit, celui d'une campagne idéalisée, rythmée par le son des cloches, et celui des prières latines que l'on récitait à leur appel :* « Angelus Domini nuntiavit Mariae », *c'est-à-dire : « L'Ange du Seigneur a annoncé à Marie ». Paroles que Claudel modifie cependant légèrement dans son titre. L'Ange comme le Seigneur disparaissent. L'Annonce reste tout à fait générale, pure de précisions, ouverte à toutes les suggestions.*

Le titre demeurant ainsi susceptible d'interprétations plus nuancées, Claudel a pris soin de faire prononcer à Anne Vercors, dans l'acte IV, la traduction du texte original : « L'Ange de Dieu a annoncé à Marie et elle a conçu de l'Esprit-Saint » (v. 1734 et 1790). Il a tenu encore à prolonger la seconde fois le texte jusqu'au verset de saint Jean : « Et le Verbe s'est fait chair. » Il marque ainsi, bien sûr, la place centrale de la seconde naissance de l'enfant de Mara. Mais, plus largement, par là, ce titre réunit et signifie (v. 1734) les différents appels qui sont adressés à presque tous les personnages de la pièce : appel à Violaine qui la fait lépreuse, appel à son père qui met le vieil homme sur les routes, appel à Pierre de Craon devant les deux visages de la femme et de l'édifice à construire ; appel à la mère même, servante soumise de son seigneur, et à Jacques, le plus abandonné, le plus limité, qui, à la fin, commence lui aussi à s'ouvrir à la dimension haute. Mais surtout terrible appel à Mara, celle dont le nom violent ressemble le plus à « Marie », Mara dont le dernier cri est « Père, père ! » (v. 1822).

Rarement un titre aura pris un sens plus plein. L'Annonce est celle, globale, de la réalité spirituelle, surnaturelle du monde, qui, à travers la personne de Violaine, est faite non à tel ou tel personnage privilégié mais à tous les acteurs du drame. L'Annonce faite à Marie *est une* Annonce faite à la Terre, *une transfiguration montrée du simple univers horizontal qui, touché par un appel, s'éveille et y répond comme il peut. Le monde est ce qu'il est avec ses difficultés humaines. Le concret qu'il nous présente est si fort qu'il n'y a, à vrai dire, ni bon ni méchant dans cette aventure, pas même Mara dont l'action, si blâmable qu'elle soit, a conduit à une telle lumière. La Terre, à sa manière, a répondu à l'Annonce. Le théâtre compte peu de titres aussi radicalement positifs. Le public, quoi qu'on dise, ne déteste ni ces titres ni ces textes : lui aussi attend une Annonce.*

3. L'autobiographie

*Si l'*Annonce *a touché tant de spectateurs, et si divers, c'est aussi qu'elle touchait à* Claudel *bien plus étroitement qu'on ne le pensait. Il était clair pour tous que* Partage de midi *et* Le Soulier de satin *reposaient sur une trame autobiographique. Et pourtant Claudel lui-même, parlant de* La Jeune Fille Violaine, *nous avait avertis : «* C'est évidemment relié de très près à mes accointances avec mon pays natal, avec le pays de Villeneuve, d'autre part avec toutes ces histoires de familles, de villages, dans l'ambiance desquelles je vivais* [1] », et il reconnaissait la possibilité d'un conflit à l'intérieur de sa famille, analogue à celui qui dans la pièce oppose la cadette à l'aînée. De manière tout à fait claire, il énumère les éléments qui sont entrés dans la composition de l'Annonce :* « Il y a d'abord mon long*

---

1. *Mémoires improvisés*, Gallimard, 1969, p. 111.

contact avec ce pays de Villeneuve [...] où je suis né, qui a
énormément impressionné mon existence ; les histoires que me
racontaient les gens du pays ; la situation de ma famille, les
conflits familiaux qui ont pu se produire[1]. » Rien que de très
attendu jusqu'ici. Ce n'est pas la première fois qu'une famille
voit naître un conflit entre deux de ses enfants[2], ni qu'un
créateur s'inspire de ce qu'il a vécu en famille.

Mais Claudel a déclaré que la transposition opérée par lui
était considérable, et ses sentiments vis-à-vis de ses deux sœurs
n'étaient pas semblables : l'aînée, Camille, le fascinait par son
génie et sa beauté. Il faut en tenir compte pour toute hypothèse
sur les formes de la transposition. Non que nous cherchions à
découvrir une vérité derrière le texte — ce serait absurde, le texte
est la seule vérité —, mais à approcher un peu mieux certains
aspects du charme encore mystérieux de la pièce.

Quelques rapprochements d'abord qui ont été souvent évoqués.
L'éloignement d'Anne Vercors (dont le nom même par la
vocalisation et le double « r » pourrait évoquer le deuxième
prénom du père : Louis, Prosper Claudel) a fait penser à celui
de M. Claudel, lorsque la famille, entraînée par Camille, avait
dû s'installer à Paris. Anne Vercors évoque au début de la pièce
sa peine de n'avoir pas eu de garçon, sentiment que Paul peut
d'autant mieux imaginer qu'il est le dernier de la famille. Ce
désir frustré de descendance mâle a bien habité les parents
Claudel : Jacques Petit[3] a montré que le souvenir était vivant
dans la famille d'un premier garçon, Henri, né et mort en 1863,

1. *Mémoires improvisés*, Gallimard, 1969, p. 263.
2. Henri Guillemin assure qu'il a entendu Claudel affirmer :
« J'ai mis [dans cette pièce] quelque chose du rapport de mes deux
sœurs ; c'est extrêmement transposé, mais l'origine est là » (*La Revue
de Paris*, avril 1955).
3. *Claudel et l'usurpateur*, 1971.

un an avant Camille, ce qui a laissé à cette dernière le rang d'aînée.

    La silhouette effacée de la mère, femme de devoir docile et bonne, portée à soutenir Louise, sa seconde fille, et davantage sur ses gardes avec la plus grande, correspond sans effort au personnage de Louise Cerveaux tel que le poète l'évoque, dans son Journal, *au moment où il apprend sa mort :* « Elle fut pauvre, simple, profondément humble, pure de cœur, résignée, dévouée à son devoir quotidien, travaillant de ses mains du matin au soir. Sa vie fut pleine de chagrins et connut peu de joie. Comment cette femme dont le caractère fut avant tout la modestie et la simplicité eut-elle deux enfants comme ma sœur Camille et comme moi*[1] ? » Ajoutons que voyelles et consonnes du second prénom,* « Athénaïse », *de Mme Claudel, se retrouvent en grande partie dans le prénom d'* « Élisabeth » *qui est celui de la mère dans la pièce*[2].

    La tradition fait généralement de Camille le modèle de Mara[3]. *Mais Violaine devient alors une création de pure imagination, dont l'intensité a de quoi déconcerter. Elle surprend beaucoup moins si on imagine dans Camille l'origine de Violaine tandis que le point de départ de Mara se situerait plutôt du côté de Louise, la sœur dont on parle peu*[4]. *Les noms là encore peuvent nous aider. Dans le couple féminin de*

---

    1. *Journal*, 20 juin 1929, Pléiade, t. I, p. 863.
    2. Par ailleurs ce prénom n'était pas rare dans sa famille paternelle.
    3. Il existe cependant des positions plus nuancées comme celle de Joseph Boly dans *Mélanges claudéliens* (Société Paul Claudel en Belgique, 1981), et celle de Bernard Howells dans l'ouvrage de Reine-Marie Paris, *Camille Claudel*, Gallimard, 1984.
    4. Cf. Claudel, *Journal*, Pléiade, *passim* et t. I, p. 785 : « Louise fiévreuse, nerveuse, malade. L'excitation et l'agitation des Claudel, leur grain de folie » (septembre 1927).

L'Échange, *pièce qui suit immédiatement* La Jeune Fille Violaine, *Marthe, la jeune Française attachée à la famille et au pays* [1] *affronte Lechy Elbernon, l'actrice américaine qu'emporte un esprit de feu. Par son matériel phonétique, le nom de Mara se rapproche de Marthe, alors que celui de Lechy, une fois reconnu l'* « Eschyle » *qu'il contient, affirme la liquide d'envol qui est au cœur de Violaine. Devenue Mme de Massary, Louise a désormais dans la dernière syllabe de son nom la même syllabe qui termine le nom de Jacques Hury, et, en octobre 1892, elle a appelé son fils Jacques. Il n'y a là peut-être que coïncidences mais, quel que soit leur sens, ces noms montrent au moins que Claudel a tenu à inscrire son drame dans le cadre d'une famille qui est la sienne.*

Reste le nom de Pierre de Craon [2] *qui n'est apparu qu'en 1898. Un personnage historique célèbre a porté ce nom* [3] *mais sans aucun rapport apparent avec la pièce. La finale -aon, qui n'est pas si fréquente, fait, dans le cadre présent, penser à Laon, à sa cathédrale, et Pierre pour un architecte est un nom tout indiqué. Mais pourquoi le grandir seul au théâtre d'une particule noble ? Nul doute qu'il ne soit la transfiguration d'un homme important. Claudel d'abord lui a donné ses propres initiales. Ensuite et surtout dans ce nom se retrouvent toutes les lettres du nom d'un Maître de l'époque, Rodin, dont personne*

1. Une lettre de Louise, datant de 1918, conservée dans le *Journal* de Claudel (t. I, p. 412-416), témoigne d'un attachement analogue aux biens matériels et au pays.
2. Claudel prononce Cra/on et non Cran (*Mémoires improvisés*, 1969, p. 265).
3. Pierre de Craon, de l'entourage de Louis d'Anjou et de Louis d'Orléans, respectivement oncle et frère de Charles VI. Craon est surtout connu pour sa tentative de meurtre en 1392 contre le connétable Olivier de Clisson. Il passa la fin de sa vie dans la dévotion.

n'ignore le rôle qu'il a joué dans le destin des Claudel. Et de fait comme Paul et Rodin, Pierre est hanté par la vocation artistique qui s'est emparée pareillement de Violaine-Camille. Les deux hommes se tirent indemnes de l'aventure ; plus exigeante et plus entière, la femme, elle, va jusqu'au bout.

Le nœud de toute la transposition serait, on le voit, une équivalence établie entre l'art (sculpture et architecture) et l'élan mystique. À partir du moment où Paul idéalise spontanément ou volontairement l'appel de l'art chez sa sœur[1] *— mais qui dit après tout que sa violence n'a pas eu des aspects mystiques —, il transforme très facilement Camille en Violaine, quittant sa famille, la rejetant et rejetée par elle. Le lien imaginé pour l'acte III entre Violaine et un enfant mort pourrait alors tirer une partie de son émotion des allusions familiales à Henri, l'enfant mort, ou à des enfants morts de Camille elle-même*[2]*, ou à d'autres événements intimes non connus. L'essentiel est de bien percevoir de quel feu très personnel le drame est nourri.*

Le personnage de Jacques Hury, il est vrai plus falot, fait hésiter. Il paraît vain d'y chercher quelque chose de Ferdinand de Massary dont nous ignorons tout et dont personne n'a jamais dit qu'il ait dû épouser Camille. Camille elle-même cependant, dans une lettre délirante à ses cousins Thierry[3]*, semble attachée à l'idée que sa sœur s'est associée à son amant [ici Rodin] pour la dépouiller : « Quant à moi, j'ai mon compte ; je suis toujours malade du poison que j'ai dans le sang, j'ai le corps brûlé ; c'est le huguenot Rodin qui me fait distribuer la dose car il espère*

---

1. Il l'idéalise et l'inverse en quelque sorte puisque Camille, qui a obligé toute la famille à lire la *Vie de Jésus*, paraît avoir une opinion très arrêtée devant le problème religieux.

2. Cf. Reine-Marie Paris et Arnaud de La Chapelle, *L'Œuvre de Camille Claudel*, Arhis, 1990, p. 12.

3. Ouvrage cité n. 2, à la p. 23.

hériter de mon atelier avec l'aide de sa bonne amie, la dame de
Massary [...]. C'est de l'action combinée de ces deux scélérats
que tu me vois dans un état pareil. Autrefois, ils avaient conclu
un marché ensemble dans les bois de Villeneuve [...]. Ils ont
sablé ce marché de bons baisers sur la bouche et se sont juré une
amitié réciproque. Depuis ce moment, ils s'entendent comme
larrons en foire pour me dépouiller de tout ce que je possède. »
La hantise d'un complot entre sa mère et sa sœur pour la couper
de ses amis se retrouve plusieurs fois aussi dans les lettres de
Camille [1]. *Jacques serait donc poussé du côté de M. de Massary,*
s'il n'était une autre manière de l'envisager, plus psychologique
et symbolique à la fois. Jacques, travailleur et courageux,
admirateur du père et promis à un avenir de maître, élevé comme
un fils dans la famille Vercors et tiraillé entre les deux sœurs,
serait tout simplement une figure de Paul hésitant entre la folie
de la vocation (Violaine) et l'âpre sagesse de l'enracinement
(Mara). Non pas entre le vice et la vertu mais entre deux côtés
qui, tous deux, ont leur vice et leur vertu. Jacques reculant
devant la lèpre serait Paul découvrant la marque du Sacré sur le
corps de la sœur bien-aimée. Marque de l'art, marque de Dieu
mais matérialisation aussi de l'interdit de l'inceste qui rend
d'autant plus lyriques entre eux les noces d'âmes finales
(v. 1830-1875).

L'Annonce a pris naissance au cœur secret des rêves, des
violences et des désirs de la cellule familiale qui a été celle de
l'auteur. Malgré une moindre clarté, la pièce est tout aussi
autobiographique que Partage de midi. *Ce n'est pas l'aven-*

---

1. Une lettre non datée de Camille à Henry Lerolle, citée par
Reine-Marie Paris (*Camille Claudel*, Gallimard, 1984, p. 124),
confirme sur ce point ce que pouvait penser Camille : « On m'a
brouillée avec elle [la comtesse de Maigret]. Ma bonne mère qui ne
rêvait que de mettre ma sœur à ma place dans cette maison... »

ture d'une rencontre mais d'une naissance, qui garde à chaque instant quelque chose de l'attrait d'un temps retrouvé.

4. Le temps et l'espace

Si l'origine de l'Annonce se trouve sans doute dans le nœud familial, la pièce doit aussi beaucoup à sa géographie mythique. Claudel a parlé d'une vieille légende de son pays natal dont « chaque coin est plein de rêves, de pensées, de figures, de mystères, d'histoires et de légendes. Il y avait même un accent spécial, une langue spéciale[1] *». Il appelle encore la pièce le « drame de la terre natale*[2] *» et précise : « J'ai été élevé dans un milieu paysan. C'est mon village natal dont le souvenir est remonté jusqu'à moi... On parle de la douceur de mon pays, de la province d'Île-de-France. Ce n'est pas par cela qu'il se caractérise, mais par l'âpreté, le vent terrible qui y souffle. » De fait le vent terrible de Villeneuve balaie les lieux évoqués dans la pièce : Combernon (v. 141, 538, etc.), Chevoche (v. 1086), Chinchy (v. 463), Saponay (v. 520), Braine (v. 739) ou Bruyères (v. 1090). Aucun de ces noms n'est inventé, et même celui de Violaine au départ, si symboliste que paraisse sa beauté, est en fait celui d'un village champenois. Violaine aussi vient du sol et de la carte. Quand un nom exceptionnel comme celui de Monsanvierge se glisse au milieu des autres (v. 49), Claudel s'arrange pour que, tout en brillant d'un éclat particulier, il n'altère pas la couleur très locale de l'ensemble.*

Un cadre géographique plus large est circonscrit par Château-Thierry (v. 340), Laon (v. 149) et Rheims (v. 221), et puis, hors de toute limite, très loin, Jérusalem la merveilleuse

---

1. *Journal*, 11-14 septembre 1925, t. I, p. 689.
2. Interview par Pierre Mazars, *Le Figaro littéraire*, 6 mars 1948, reprise dans *Théâtre*, Pléiade, 1965, t. II, p. 1393.

*(v. 343). Il n'est pas étonnant que Claudel en 1927 ait emmené Maurice Denis à Villeneuve lorsque le peintre songeait à faire des décors pour l'*Annonce[1]*, et Claudel lui fait voir : « La halle de Fère. La porte-pigeonnier de Combernon. Le Géyn englouti sous les genêts avec le merle et le coucou au loin. » L'*Annonce *est le drame d'un lieu dans sa saveur particulière.*

D'une version à l'autre, ce lieu n'a jamais changé. En revanche le cadre temporel a successivement été dans La Jeune Fille Violaine *l'époque contemporaine, puis dans l'*Annonce *proprement dite « la fin d'un Moyen Âge de convention ». C'est ce dernier cadre que l'on retrouve dans la version définitive, même si Claudel n'a pas jugé utile de reprendre la didascalie initiale de 1912. Comme Maeterlinck lorsqu'il conseillait Lugné-Poe montant* Pelléas et Mélisande[2]*, le souci n'a pas été d'insertion historique mais d'un éloignement qui grandit les personnages en les entourant d'un halo de légende, et fait du temps historique un temps pleinement signifiant. En effet la France évoquée, qui est celle de la fin de la guerre de Cent ans, par ses désastres et ses déchirements justifie à l'acte I le départ du père inquiet d'une famille heureuse. Au troisième acte, la situation s'est renversée : Jeanne d'Arc passe dans le lointain en route vers Reims pour faire sacrer le roi, tandis que les deux sœurs divisées prient dans la nuit autour d'un enfant mort. On trouverait bien d'autres aspects à la correspondance mystique qui s'établit ainsi entre les deux plans, entre la fable et son cadre. Peu importe que les dates de l'un ne concordent pas avec celles de l'*Histoire *des historiens[3], le symbolisme a toujours le dernier mot.*

---

1. Cf. ci-dessous, p. 218 et n. 1.
2. Cf. Robert Abirached, *La Crise du personnage dans le théâtre moderne*, Grasset, 1978, p. 183.
3. Cf. p. 135, n. 1.

Du point de vue dramaturgique, l'action de la pièce rendait quasiment impossible l'adoption d'un lieu unique. Si la grande majorité des scènes se passe à Combernon dans la ferme des Vercors avec des passages, sans grandes difficultés techniques, d'un endroit à un autre, du hall du Prologue par exemple, à la salle des actes I, II et IV, l'acte III en revanche reste irréductible dans son originalité : c'est un extérieur, le pays de Chevoche, et il comporte lui-même deux décors : l'endroit de la forêt où les paysans ramassent le bois, et celui du Géyn où vit la lépreuse. Dans l'effort fait par Claudel pour ramener à l'unité le lieu dramatique — effort motivé tout autant par la recherche d'une intensité accrue que par le souci de rendre les représentations plus aisées —, Chevoche et le Géyn constituaient un obstacle en apparence définitif. La grande nouveauté de la version scénique de 1948, c'est qu'en suivant le travail des comédiens, l'auteur a eu l'idée de substituer au lieu dramatique ainsi morcelé un lieu scénique unique, et dont l'unicité même va renforcer le nœud du drame tout en lui conférant une liberté d'allure et une manière de distanciation qui n'est pas sans rappeler ce que Claudel écrit par ailleurs au même moment : le dernier Tête d'or ou Le Ravissement de Scapin par exemple. Un décor unique vaut alors pour toute la pièce, éclairages et accessoires se renouvelant tout au long de l'action. Et quand arrive l'acte III, l'indication scénique est analogue : le temps que, devant le rideau un instant baissé, passent Violaine et Mara, on a supprimé les escaliers, apporté cloche et statue, placé sur le devant une estrade avec siège, pupitre et croix. Un nouveau lieu dramatique est né sans que le lieu scénique ait changé. Claudel, octogénaire, continue à s'éloigner de toute forme de théâtre mimétique et joue à fond la convention.

Le temps dramatique s'est révélé plus rebelle. Si le Prologue et le premier acte s'enchaînent naturellement, le départ du Père suivant de quelques heures celui de Pierre, l'acte II suppose un *certain temps écoulé. Quinze jours, disait Claudel en 1912. Il ne donne pas de précision dans la version définitive* [1]*. Mais la coupe chronologique la plus grande a lieu entre l'acte II et l'acte III. Par inadvertance peut-être ou au contraire par souci de vérité intérieure, Claudel indique tantôt « huit ans » (v. 1186), tantôt « sept ans » (v. 1658). Quant à l'acte IV qui se passait d'abord, en 1912, « l'après-midi du même jour », Claudel l'a avancé à « la seconde partie de la nuit ». Si bien que l'organisation temporelle de la pièce se trouve maintenant divisée en deux parties. La première, diurne, constituée d'une aube (Prologue), d'un matin (acte I) et d'un milieu de journée (acte II) légèrement décalé ; la seconde, nocturne, le cœur et la fin de la nuit (actes III et IV). L'action finit à quelque chose près au moment où elle avait commencé. L'Annonce est une pièce en deux journées séparées par un laps de temps important. Une structure originelle apparaît, qui combine l'intensité classique et la liberté shakespearienne. Cette dernière est d'autant plus marquée qu'elle est puissamment reprise en compte par le symbolisme du poète.*

Ni le temps ni l'espace, dans une pièce symboliste, et surtout dans une pièce claudélienne, n'ont cette neutralité passive de simples cadres sociaux découpant la distance et la durée selon les conventions universellement pratiquées de la carte et du calendrier. Temps et espace dans l'Annonce signifient. Abus et habitude font parler de « cadre » alors qu'il s'agit d'éléments à part entière, chargés comme tous les autres, action ou personnages par exemple, d'une pleine signification. « Combernon, haute demeure ! » (v. 628), « Brainard de Braine » (v. 739), « Rheims » et « Monsanvierge » témoignent qu'aucun lieu n'est

---

1. Jean-Noël Segrestaa (*L'Annonce faite à Marie*, 1973) fait remarquer que le *Regina coeli* remplacé par le *Salve Regina* montre que le temps de Pâques est fini et qu'on a passé la Pentecôte.

désigné de façon purement documentaire. Chacun est accom-
pagné d'une qualification affective et toujours auréolé d'un
prolongement. Le nom éveille des harmoniques, résonne dans
tout l'espace mental. Et il en est de même pour des endroits
comme la porte, la fontaine ou la forêt ; pour des meubles même
comme la table sur laquelle officie le Père pour son départ, puis
revient à la fin déposer le corps de sa fille. Implicitement la
table devient Table du Sacrifice. Ce que l'on saisit d'ordinaire
aussitôt à propos de l'espace a son correspondant exact dans le
temps.

L'heure et la saison expriment un accord cosmique et intime à
la fois avec l'ensemble de l'action. Tout commence dans l'espoir
de l'aube, que le matin compromet et que midi détruit. Si à la
fin de l'acte II nous faisons abstraction du trou temporel
nécessaire, nous voyons la journée se poursuivre avec l'entrée
dans la nuit (acte III) et l'espoir final de la nuit qui se ter-
mine. Le symbolisme du temps n'est ainsi rien d'autre que celui
de la grande Journée initiatique où la descente au cœur du
noir permet de renaître à une aube nouvelle. Les saisons
complètent l'heure, magnifiées elles aussi par la liturgie. Le
printemps des premiers actes, celui du temps de Pâques, devient
à l'acte III, les épreuves survenues, le froid hiver d'une nuit de
Noël où le miracle de l'enfant ressuscité, renaissance de la vie,
marque le tournant de l'année et l'assurance des jours qui vont
grandir.

Cette façon de considérer et de faire jouer le temps et l'espace
au théâtre pourrait n'être que simple ornementation poétique
s'ils ne devenaient très fréquemment, et très légitimement, l'âme
même des représentations et des mises en scène. Ce qu'on appelle
heure, saison, aura *des lieux ou choix des espaces, se traduit*
chaque fois dans la suggestion des volumes, la langue des
éclairages, des bruits, des sons, de la musique. Les moyens sont
chaque fois différents mais la nécessité de ce symbolisme

*demeure. La poésie naît au théâtre quand le temps et l'espace
sont devenus spectacle.*

5. Les personnages

Sans que soit tout à fait impossible l'analyse psychologique
traditionnelle, il faut admettre que le souci premier de Claudel
n'a pas été de faire un théâtre qui présente des caractères. Ses
personnages ont la robuste simplicité de types primitifs aisés à
identifier et à comprendre. Leur nom d'abord les définit, un
véritable nom-programme qui dit et ce qu'est le personnage et ce
qu'il va faire pour le remplir. Pour ne prendre qu'un exemple,
Violaine, nom d'un village de Champagne on l'a vu, est un
prénom voisin de Violette ou de la Viola de La Nuit des rois,
mais c'est aussi « violence » et « viol » (infligés et subis), et en
contraste la chaleur douce de la laine, avec cette finale-aine
affectionnée par Maeterlinck et donnée par lui à sa première
grande héroïne, Maleine (1889). Le personnage est un nom,
beau parce que riche de multiples significations en suspens.

Il est ensuite une fonction, et qui ne changera pas durant toute
la pièce. À la fille soumise s'opposera la fille rebelle. La
fonction paternelle sera incarnée par Anne Vercors, et leur fonction
d'amoureux de Violaine explique toute la conduite des autres
personnages masculins. Ici ou là des nuances peuvent apparaître
mais l'essentiel reste fixe. Le personnage n'est pas fait pour nous
surprendre mais pour nous révéler ce que nous savons qu'il est.

Un peu comme pour l'opéra, l'essentiel du personnage est dès
lors dans la figure et dans la voix. La silhouette n'est rien sans
la gestuelle. Écoutons les indications de Claudel sur les gestes,
comme d'un lent ballet oriental, qu'il réclame de ses interprètes[1]. Rien que dans l'acte I se succèdent rituel du départ,

1. Cf. Claudel, *Mes idées sur le théâtre*, 1966, p. 36-37.

annonce solennelle du Père et cérémonial du pain rompu, et l'on aura encore à l'acte II le couteau déchirant la tunique, à l'acte III l'office de la nuit de Noël. Les figures chaque fois formées constituent un véritable langage des corps. Et pas seulement lorsqu'il s'agit de figures sacrées. La scène de pantomime éventuelle entre la mère et la fille (acte II, scène 4) montre de façon éclatante que la parole, en d'autres circonstances aussi, doit savoir s'effacer derrière le spectacle offert. Le personnage parle avec son corps. Il n'est que de relire ici les vers 1158-1165 et d'écouter le savant Apprenti enseigner les gens de Chevoche.

Mais la voix reste primordiale. Claudel n'a eu de cesse, à partir de 1912 où il a pris contact avec les réalités de la scène, de réclamer pour ses personnages des voix d'un timbre et d'une qualité rares : « Une voix agréable articulant nettement et le concert intelligible qu'elle forme avec les autres voix, dans le dialogue, sont déjà pour l'esprit un régal presque suffisant indépendamment même du sens abstrait des mots. »

6. Un théâtre symboliste

Le drame claudélien par sa puissance a rejeté dans l'ombre tout le courant théâtral issu du symbolisme poétique. Comment goûter vraiment l'Annonce sans s'y référer ? On a trop tendance à attribuer à l'originalité d'un seul créateur ce qui appartient sinon à toute une époque, du moins à tout un milieu. Que de cet univers le théâtre de Claudel ait à peu près seul survécu (et encore le texte définitif de l'Annonce a scellé avec un retard de plus d'un quart de siècle sa rencontre avec le public) n'autorise pas à couper l'Annonce de son environnement, comme si on pouvait parler d'Andromaque sans rien dire de la tragédie classique.

À partir des années 1890[1], autour des premières pièces de Maeterlinck et du Théâtre de l'Œuvre de Lugné-Poe, un courant d'avant-garde prend naissance dans la dramaturgie duquel la poésie occupe le premier rang. Jacques Robichez a mis en lumière les principales étapes de cette aventure[2]. Éloigné qu'il a très vite été aux États-Unis ou en Chine, le jeune Claudel n'a pu y participer activement mais il s'en était imprégné avant son départ, et tout son premier théâtre, y compris l'originelle histoire de Violaine, sonne comme une réponse à cet appel. On sait la manière dont il a toute sa vie sauvagement consommé le texte de Rimbaud. Il a écrit son admiration pour Verlaine (dont le nom offre des ressemblances avec celui de Violaine[3]) et, introduit sans doute par sa sœur Camille aux mardis de la rue de Rome, il a éprouvé pour Mallarmé une fascination que l' « Enchanteur » lui rendait en compliments prophétiques sur son théâtre[4]. Les trois plus grands noms de la poésie symboliste n'étaient pas étrangers aux débuts du jeune dramaturge. Dans l'Annonce jusqu'au bout, plus d'un demi-siècle après, les éléments que Claudel utilise et transfigure sont toujours hérités du symbolisme fin-de-siècle : on a fâcheusement

1. Malraux remontait, lui, à 1830 : « L'œuvre qui répond le mieux à la préface de *Cromwell* n'est certainement pas *Ruy Blas*, et c'est sans doute *L'Annonce faite à Marie* » (*Les Voix du silence*, Gallimard, 1951, p. 115).

2. *Le Symbolisme au théâtre*, L'Arche, 1957.

3. Claudel, *Œuvre poétique*, Pléiade, 1967, p. 603, et, dans *Œuvres en prose*, Pléiade, 1965, p. 495, disant avoir vu le nom de Verlaine à l'entrée d'un village, il commente : « Deux autres lieux-dits non loin de là, portent ce nom d'une résonance amère et sourde qui mystérieusement se prolonge. »

4. Cf. *Cahiers Paul Claudel* : « *Tête d'or et les débuts littéraires* », Gallimard, 1959, p. 40-55.

pris l'habitude d'exalter la poésie de ce mouvement, sans
reconnaître son théâtre.

Deux exemples doivent suffire, le premier ponctuel, le second
plus important. Le très célèbre salut de Jacques : « Ô ma
fiancée à travers les branches en fleurs, salut ! » (v. 751) est
reçu immédiatement comme une expression poétique toute
naturelle et très générale. Mais, historiquement, il est difficile
de ne pas la rapprocher de ces figures féminines prises dans les
courbes colorées d'un décor végétal telles que l'époque 1900 les a
goûtées. Dans le théâtre symboliste même, ouvert aux influences
légendaires de l'étranger, deux pièces indiennes ont eu un notable
succès : Le Chariot de terre cuite et L'Anneau de
Sakountala. Ces pièces étaient vivantes dans le milieu
symboliste, le premier grand groupe de Camille Claudel en
témoigne [1]. Or, dans la version de Sakountala par Hérold en
1895, voici comment, à l'acte III, le roi retrouve sa bien-aimée :
« Parmi ces lianes doit être Çakountala. Là, sur le sable d'or,
voici des traces, les traces de ses pas légers et languissants. — À
travers ces arbustes et ses lianes, je la verrai. Il quitte un peu
le sentier, et regarde à travers les lianes. Ô joie, c'est elle.
Mes yeux se charment à contempler la reine de mes désirs. Elle
repose dans les fleurs. » Il ne s'agit évidemment pas de voir dans
le texte traduit de Kalidasa la source de l'expression claudélienne, mais de comprendre à quel point cette dernière est l'esprit
et le style de toute une époque arrivés, grâce à Claudel, à leur
aboutissement.

Le second exemple est emprunté à une pièce d'Henry Bataille,
alors débutant, en 1896 : La Lépreuse. Voici deux textes
étrangers, et cependant liés par des ressemblances qui font bien
sentir la force d'un esprit commun à l'époque. La Lépreuse est
le drame d'une famille paysanne, bretonne en l'occurrence,

1. *Sakountala*, 1888.

inspiré d'une ancienne légende où le rôle central appartient à une
vieille sorcière lépreuse qui vit dans une lande sauvage. Aliette,
sa fille, lépreuse comme elle, aime le jeune Ervoanik à qui dans
un baiser elle transmet son mal. La cérémonie religieuse et
collective du départ du jeune homme pour la léproserie termine la
pièce. Aliette (acte I, scène 5) évoque un pèlerinage en Palestine
pour guérir de la lèpre ; son fiancé attire son attention sur les
cloches qui sonnent, et les serments que le jeune couple échange
*ont quelque chose de ceux de l'*Annonce *:*

ERVOANIK. — Je vous aimerai tant, tant et tant, que
contre tous, Aliette la bien venue,
nous vivrons sur la même terre,
et mourrons dans le même lit.

ALIETTE. — Rappelez-vous ce que vous dites [...]
Il n'est de fiançailles qu'une seule fois.
Celui qui est fiancé de bon gré,
et qui rompt par caprice,
fait contrat avec le démon.
Il est détaché net de Dieu,
comme la branche de l'arbre,
détaché net du paradis
comme le grain de paille.

Au moment de se séparer de son fils, la plainte du vieux
Matelin (acte III, scène 5) trouve des accents d'Anne Vercors,
tout comme l'adieu d'Ervoanik à la maison familiale. On peut
noter enfin que le principal rôle féminin de L'Holocauste, *la*
pièce suivante de Bataille, sera une jeune aveugle aimée par deux
frères, ce qui sera beaucoup plus tard chez Claudel la situation
du Père *humilié.*

Mais il s'agit de plus que d'un sujet. C'est tout un milieu, des personnages, un langage autour desquels tourne le théâtre symboliste[1]. *À cause des réticences de l'époque — public comme milieux du théâtre —, pareilles recherches ont été longtemps dédaignées, et le mérite de Claudel aura été, tout en étant Claudel, de les avoir empêchées de mourir tout à fait. Son Annonce de 1948 a signé l'arrêt de vie, ou plutôt de résurrection, d'un moment de la scène française que beaucoup avaient cru définitivement dépassé.*

À cette double veine symboliste et paysanne, il est plus difficile de rattacher la langue des personnages de l'Annonce. Et pourtant dans la résonance de ses images comme dans la force de son rythme des rapprochements seraient possibles. Mais il est sûr que, dans ce domaine, prime le souffle claudélien, la particularité de ce vers fondé sur la respiration et dont le poète a si souvent parlé. L'émotion qui modèle cette langue pour et par le corps, où le sens intellectuel n'a d'abord pas d'autre réalité que celle des poumons et des muscles, relève bien des recherches symbolistes sur la musique et sur le parler paysan.

Il conviendrait enfin de faire une place à part au parler des paysans du début de l'acte III. Artificiel sans doute, mais tout aussi savoureux que le jargon des compagnes de Dom Juan. *Certains n'aiment guère chez Claudel cette apparente décomposition de son lyrisme. Outre l'heureux effet de contraste produit dans l'Annonce, c'est tout de même nous faire sentir à quelle classe évoluée appartiennent les personnages de la pièce, et nous montrer que rythme et couleur importent plus à l'auteur que beau style et correction. La langue des paysans de l'Annonce préfigure en grande partie celle que Claudel écrira dans ses dernières années, qu'il s'agisse de fantaisie dramatique ou d'exégèse biblique.*

1. Cf. par exemple *Messidor* ou *Violaine la chevelue* de Zola, ou encore *La Noblesse de la terre* de Maurice de Faramond.

7. Le défi du sacré

Lorsque Anne Vercors remet Combernon à Jacques (acte I, scène 3), il a, dans la version de 1912, quelques vers que Claudel a supprimés pour la scène, peut-être comme trop explicites, trop didactiques mais qui sont fondamentaux pour le sens de la pièce :

Car tout se tient en Dieu [...].
La terre tient au ciel, le corps tient à l'esprit, toutes les choses qu'il a créées ensemble communiquent, toutes à la fois sont nécessaires l'une à l'autre.

Il n'a pas touché en revanche l'énoncé plus dramatique de la même proposition dans l'affrontement de l'acte III entre les deux sœurs :

VIOLAINE. — Je n'ai plus d'yeux.
L'âme seule tient dans le corps péri.
MARA. — Aveugle !
Comment donc marches-tu si droit ?
VIOLAINE. — J'entends.
MARA. — Qu'entends-tu ?
VIOLAINE. — Les choses exister avec moi (v. 1256 sq).

Là est la pierre angulaire de l'univers qui nous est présenté. Fidèle au symbolisme comme à de nombreux poètes avant lui, Hugo ou Nerval par exemple, Claudel affirme l'unité du monde, la cohésion qui le noue en lui-même et avec l'homme, l'universelle nécessité et interdépendance de tout ce qui existe [1]. *Il tente de réaliser par l'affirmation et l'art le dépassement du hasard, de la gratuité, de l'absurde. Une des raisons de sa force dramaturgique est dans la mise en scène loyale, avec tous les moyens scéniques à sa disposition, de cette aspiration essentielle. Chaque personnage n'existe que par les autres et par les multiples liens qui l'unissent à l'univers concret de la nature qui l'entoure, des sensations qu'elle fait naître en lui. Couleurs, formes, chants, bruits de cloches ou de cliquette jouent au même titre que les acteurs et avec eux, indiquant tout naturellement la direction d'un théâtre total, de ce théâtre dont le maître Wagner a été l'initiateur et qui aura ensuite bien d'autres tenants.*

Mais si tout se tient, c'est dire aussi que tout signifie. Être nécessaire, c'est avoir sens. Non qu'à chaque instant Claudel donne ce sens, et même, la pièce finie, on en peut donner des interprétations diverses. Mais chaque instant nous est offert comme en puissance de sens. Le puzzle n'est jamais totalement recomposé mais tout est morceau de l'image finale qui est en train de se construire pour nous et par nous. Monde réconcilié ou plutôt retrouvé dont Dieu nommé est le garant et la visée. L'Annonce illustre comment une expérimentation de la totalité du monde est consubstantielle au sacré, à Dieu, sa clé de voûte, et aussi au théâtre.

Le génie du dramaturge a été de ne pas en rester là mais de mettre son désir à l'épreuve, à la seule épreuve qui compte, celle du mal c'est-à-dire du désordre, de l'impardonnable dérangement qui ruine le bel édifice. Le premier mal de la pièce est cet étrange baiser donné par Violaine qui, si prudemment présenté qu'il soit, garde jusque dans sa lumière une part d'ombre. Le

---

1. C'est aussi le sens de l'image de l'Arbre qui court dans le théâtre de Claudel et qu'il a donné comme titre d'ensemble à son premier recueil de pièces en 1901.

second est la jalousie avare de Mara qui précipite l'injuste
désastre et l'exil de sa sœur. Mais le troisième est pire encore :
c'est une mort et, qui plus est, d'une enfant innocente. Claudel
n'est pas d'un tempérament à biaiser, il aborde le problème du
mal avec la même violence que les grands romantiques et comme
Camus le reprendra plus tard : un enfant mort qui est l'absurde
même. Ce que tente l'Annonce, c'est d'affronter cette situa-
tion-limite en faisant vivre au théâtre l'annonce d'une seconde
naissance et sa réalisation sous la forme d'une résurrection.
Claudel met en scène, au travail devant nous, une force inouïe. Il
parlait, en présentant sa pièce dans sa version définitive en
1948[1], d'une « révélation de force », d'une « force naturelle et
surnaturelle [...], une double force qui parvient à reculer les
frontières de la puissance humaine, de la mort surtout ».
Claudel a osé en plein XXᵉ siècle mettre sur la scène un miracle.
Sans doute n'est-ce là que la merveille suprême parmi toutes
celles que l'essence même du théâtre est de produire, mais depuis
trois siècles les dramaturges étaient rarement allés jusque-là.
Les récits de conversions, les prophéties avaient la plupart du
temps suffi à notre théâtre classique. Les résurrections de
Lazare ou de la fille de Jaïre restaient dans les Écritures, ou le
retour des morts appartenait au répertoire du mélodrame, du
fantastique et du frénétique[2]. Dans l'Annonce, la résurrection
acquiert sa crédibilité théâtrale d'un sérieux, d'un naturel
jamais altérés. Seul Carl Dreyer dans son film Ordet a su
montrer le retour à la vie d'une morte avec une évidence et une
intensité aussi sereines. La victoire sur la mort, dans l'œuvre
d'art, est le premier pas vers cette victoire dans la vie.

1. *Théâtre*, Pléiade, 1965, t. II, p. 1392.
2. Ce n'est pas tout à fait le cas pour d'extraordinaires pièces de
Ghelderode comme *Fastes d'enfer* ou *Mademoiselle Jaïre*.

Par son humanité concrète et bien qu'elle mette fortement l'accent sur les réalités religieuses et l'univers du sacré — peut-être même à cause de cela en partie —, l'Annonce est celle des pièces de Claudel qui aura paradoxalement contribué à lui gagner le plus large public et à nuancer pour beaucoup l'image-obstacle d'un Claudel dogmatique et intransigeant. Mais ne cherche-t-on pas surtout dans les erreurs que l'on dénonce chez eux une raison pour exclure les gens et simplifier notre univers ? Si Claudel rebute par le catholicisme qu'il tient à afficher, certains de ses critiques ont eu, pour défendre des croyances beaucoup plus transitoires, la même attitude que celle qu'ils lui reprochent. Qu'a-t-il fait après tout, dans le drame recomposé de son enfance paysanne, que de se mettre et de vouloir nous mettre dans un esprit propre à entendre l'Annonce ?

Michel Autrand

L'ANNONCE
FAITE À MARIE

Version définitive pour la scène

Dédiée à Jacques Hébertot.

L'Annonce faite à Marie a été représentée pour la première fois, dans sa version définitive, à Paris, le vendredi 12 mars 1948, sur la scène du Théâtre Hébertot.

PERSONNAGES .

ANNE VERCORS.
JACQUES HURY.
PIERRE DE CRAON.
LA MÈRE.
VIOLAINE.
MARA.
COMPARSES.

Le décor est le même pour les deux premiers actes et le prologue : il est emprunté au hall d'un manoir anglais datant de 1240 et demeuré intact depuis cette date : Stocksey Hall[1]. *Il y a un crucifix sur le mur côté cour.*

Des indications spéciales seront données pour l'acte III.

PROLOGUE

Pierre de Craon, une lanterne à la main, traverse la scène se dirigeant vers la porte côté cour.

VIOLAINE, *descendant de l'escalier.*

1 Tout beau, maître Pierre! Est-ce ainsi qu'on décampe de la maison comme un voleur sans saluer honnêtement les dames?

> *Violaine va chercher du feu à la cheminée et s'en sert pour allumer le cierge devant le crucifix.*

PIERRE DE CRAON

Violaine, retirez-vous. Il fait nuit pleine encore et nous sommes seuls ici tous les deux.

Et vous savez que je ne suis pas un homme tellement sûr.

VIOLAINE

Je n'ai pas peur de vous, maçon! N'est pas un mauvais homme qui veut!

On ne vient pas à bout de moi comme on veut!

5 Pauvre Pierre! vous n'avez même pas réussi à me tuer.

Avec votre mauvais couteau! Rien qu'une petite coupure au bras dont personne ne s'est aperçu.

PIERRE DE CRAON

Violaine, il faut me pardonner.

VIOLAINE

C'est pour cela que je suis ici.

PIERRE DE CRAON

Vous êtes la première femme que j'aie touchée. Le diable m'a saisi tout d'un coup, qui profite de l'occasion.

VIOLAINE

Mais vous m'avez trouvée plus forte que lui!

PIERRE DE CRAON

Violaine, je suis ici plus dangereux qu'alors.

VIOLAINE

Allons-nous donc nous battre de nouveau?

PIERRE DE CRAON

Ma seule présence par elle-même est funeste.

VIOLAINE

Je ne vous entends pas.

Silence.

PIERRE DE CRAON

N'avais-je pas assez de pierres à assembler et de bois à joindre et de métaux à réduire?

Mon œuvre à moi, pour que tout d'un coup
Je porte la main sur l'œuvre d'un autre et convoite
une âme vivante avec impiété?

VIOLAINE

Dans la maison de mon père et de votre hôte!
Seigneur! qu'aurait-on dit si on l'avait su? Mais je
vous ai bien caché.

Et chacun comme auparavant vous prend pour un
homme sincère et irréprochable.

PIERRE DE CRAON

20 Dieu juge le cœur sous l'apparence.

VIOLAINE

Ceci restera donc à nous trois.

PIERRE DE CRAON

Violaine!

VIOLAINE

Maître Pierre?

PIERRE DE CRAON

Mettez-vous là près de ce cierge que je vous regarde
bien.

> *Elle se place en souriant sous le crucifix. Il la
> regarde longuement.*

VIOLAINE

Vous m'avez bien regardée?

PIERRE DE CRAON

25 Qui êtes-vous, jeune fille, et quelle est donc cette part que Dieu en vous s'est réservée,

Pour que la main qui vous touche avec désir et la chair même soit ainsi

Flétrie, comme si elle avait approché le mystère de sa résidence ?

VIOLAINE

Que vous est-il donc arrivé depuis un an ?

PIERRE DE CRAON

30 Le lendemain même de ce jour que vous savez...

VIOLAINE

Eh bien ?

PIERRE DE CRAON

... J'ai reconnu à mon flanc le mal affreux.

VIOLAINE

Le mal, dites-vous ? Quel mal ?

PIERRE DE CRAON

La lèpre même dont il est parlé au livre de Moïse [1].

VIOLAINE

35 Qu'est-ce que la lèpre ?

PIERRE DE CRAON

Ne vous a-t-on jamais parlé de cette femme autrefois qui vivait seule dans les roches du Géyn [2]

Toute voilée du haut en bas et qui avait une cliquette à la main ?

VIOLAINE

C'est ce mal-là, maître Pierre?

PIERRE DE CRAON

Il est de nature telle
40 Que celui qui l'a conçu dans toute sa malice
Doit être mis à part aussitôt,
Car il n'est homme vivant si peu gâté que la lèpre ne
puisse y prendre.

VIOLAINE

Comment donc restez-vous parmi nous en liberté?

PIERRE DE CRAON

L'Évêque me l'a dispensé, et vous voyez que je suis
rare et peu fréquent,
45 Sauf à mes ouvriers pour les ordres à donner, et mon
mal est encore couvert et masqué.
Et qui sans moi mènerait à leurs noces ces nais-
santes églises dont Dieu m'a remis la charge?

VIOLAINE

C'est pourquoi l'on ne vous a point vu cette fois à
Combernon[1]?

PIERRE DE CRAON

Je ne pouvais m'exempter de revenir ici,
Car mon office est d'ouvrir le flanc de Monsanvierge[2]
50 Et de fendre la paroi à chaque fois qu'un vol
nouveau de colombes y veut entrer de l'Arche haute
dont les guichets ne sont que vers le ciel seul ouverts!

Et cette fois nous amenions à l'autel une illustre hostie, un solennel encensoir,
La Reine elle-même, mère du Roi, montant en sa personne,
Pour son fils défait de son royaume.
Et maintenant je m'en retourne à Rheims [1].

VIOLAINE

55   Faiseur de portes, laissez-moi vous ouvrir celle-ci.

PIERRE DE CRAON

N'y avait-il à la ferme personne autre pour me rendre ce service ?

VIOLAINE

La servante aime à dormir et m'a remis les clefs sans peine.

PIERRE DE CRAON

N'avez-vous pas crainte et horreur du lépreux ?

VIOLAINE

Dieu est là qui me sait garder.

> *Violaine ouvre la porte : elle et Pierre de Craon regardent longuement la campagne.*

VIOLAINE

60   Cette petite pluie a fait du bien à tout le monde.

PIERRE DE CRAON

La poussière du chemin sera couchée.

VIOLAINE, *à voix basse, affectueusement.*

Paix sur vous, Pierre!

> *L'Angélus*[1] *sonne à Monsanvierge : le Chœur
> chante le* Regina Cœli, lætare, lætare[2].
> *Pendant ce temps Violaine fait lentement sur
> elle le signe de la croix pendant que Pierre se le
> dessine rapidement sur la poitrine.*

PIERRE DE CRAON

Il est temps de partir.

VIOLAINE

Vous savez bien le chemin? Cette haie-ci d'abord.

Et puis cette maison basse dans le bosquet de
sureaux sous lequel vous verrez cinq ou six ruches.

Et cent pas plus loin vous joignez la route Royale.

Pause.

PIERRE DE CRAON

Pax tibi[3].

Comme toute la création est avec Dieu dans un
mystère profond!

Ce qui était caché redevient visible avec Lui et je
sens sur mon visage un souffle d'une fraîcheur de rose.

70 Loue ton Dieu, terre bénite, dans les larmes et
l'obscurité!

Le fruit est pour l'homme, mais la fleur est pour
Dieu et la bonne odeur de tout ce qui naît.

Ainsi de la sainte âme cachée l'odeur comme de la
feuille de menthe a décelé sa vertu.

Violaine qui m'avez ouvert la porte, adieu! je ne
retournerai plus vers vous.

Ô jeune arbre de la science du Bien et du Mal, voici que je commence à me séparer parce que j'ai porté la main sur vous.

75   Et déjà mon âme et mon corps se divisent, comme le vin dans la cuve mêlé à la grappe meurtrie !

Qu'importe ? je n'avais pas besoin de femme. Je n'ai point possédé de femme corruptible.

L'homme qui a préféré Dieu dans son cœur, quand il meurt, il voit cet Ange qui le gardait.

Le temps viendra bientôt qu'une autre porte se dissolve.

Quand celui qui a plu à peu de gens en cette vie s'endort, ayant fini de travailler, entre les bras de l'Oiseau éternel[1] :

80   Quand déjà au travers des murs diaphanes de tous côtés apparaît le sombre Paradis,

Et que les encensoirs de la nuit se mêlent à l'odeur de la mèche infecte qui s'éteint !

VIOLAINE

Pierre de Craon, je sais que vous n'attendez pas de moi des « Pauvre homme ! » et de faux soupirs, et des « Pauvre Pierre ».

Car à celui qui souffre, les consolations d'un consolateur joyeux ne sont pas de grand prix, et son mal n'est pas pour nous ce qu'il est pour lui.

Souffrez avec Notre-Seigneur.

85   Mais sachez que votre action mauvaise est effacée
En tant qu'il est de moi, et je suis en paix avec vous,
Et que je ne vous méprise et abhorre point parce que vous êtes atteint et malade,
Mais je vous traiterai comme un homme sain et

Pierre de Craon, notre vieil ami, que je révère, aime et crains.

Je vous le dis. C'est vrai.

PIERRE DE CRAON

90 Merci, Violaine.

VIOLAINE

Et maintenant j'ai à vous demander quelque chose.

PIERRE DE CRAON

Parlez.

VIOLAINE

Quelle est cette belle histoire que mon père nous a racontée? Quelle est cette « justice [1] » que vous construisez à Rheims et qui sera plus belle que Saint-Remy et Notre-Dame [2]?

PIERRE DE CRAON

C'est l'église que les métiers de Rheims m'ont donnée à construire sur l'emplacement de l'ancien Parc-aux-Ouilles [3],

95 Là où l'ancien Marc-de-l'Évêque [4] a été brûlé cet antan.

VIOLAINE

Et d'où vient ce nom qui est donné à la nouvelle paroisse?

PIERRE DE CRAON

N'avez-vous jamais entendu parler de Sainte Justice [5] qui fut martyrisée du temps de l'Empereur Julien dans un champ d'anis?

(Ces graines que l'on met dans notre pain d'épice à
la foire de Pâques.)

Essayant de détourner les eaux d'une source souter-
raine pour nos fondations,

100   Nous avons retrouvé son tombeau avec ce titre sur
une dalle cassée en deux : JUSTITIA ANCILLA
DOMINI IN PACE[1].

Le frêle petit crâne était fracassé comme une noix,
c'était un enfant de huit ans,

Et quelques dents de lait tiennent encore à la
mâchoire.

De quoi tout Rheims est dans l'admiration, et
maints signes et miracles suivent le corps

Que nous avons placé en chapelle, attendant le
terme de l'œuvre.

105   Mais nous avons laissé les petites dents comme une
semence sous le grand bloc de base.

VIOLAINE

Quelle belle histoire ! Et le père nous disait aussi que
toutes les dames de Rheims donnent leurs bijoux pour
la construction de la Justice ?

PIERRE DE CRAON

Nous en avons un grand tas et beaucoup de Juifs
autour comme mouches.

> *Violaine tient les yeux baissés, tournant avec
> hésitation un gros anneau d'or qu'elle porte au
> quatrième doigt.*

PIERRE DE CRAON

Quel est cet anneau, Violaine ?

VIOLAINE

Un anneau que Jacques m'a donné.

Silence.

PIERRE DE CRAON

110 Je vous félicite.

Elle lui tend l'anneau.

VIOLAINE

Ce n'est pas décidé encore. Mon père n'a rien dit.
Eh bien! c'est ce que je voulais vous dire.
Prenez mon bel anneau qui est tout ce que j'ai et
Jacques me l'a donné en secret.

PIERRE DE CRAON

Mais je ne le veux pas!

VIOLAINE

115 Prenez-le vite, car je n'aurai plus la force de m'en
détacher.

Il prend l'anneau.

PIERRE DE CRAON

Que dira votre fiancé?

VIOLAINE

Ce n'est pas mon fiancé encore tout à fait.
L'anneau en moins ne change pas le cœur. Il me
connaît. Il m'en donnera un autre en argent.
Celui-ci était trop beau pour moi.

PIERRE DE CRAON, *l'examinant.*

120   Il est d'or végétal, comme on savait les faire jadis avec un alliage de miel.

Il est facile comme la cire et rien ne peut le rompre.

VIOLAINE

Jacques l'a trouvé dans la terre en labourant, dans un endroit où l'on ramasse parfois de vieilles épées toutes vertes et de jolis morceaux de verre.

J'avais crainte à porter cette chose païenne qui appartient aux morts.

PIERRE DE CRAON

J'accepte cet or pur.

VIOLAINE

125   Et baisez pour moi ma sœur Justice.

PIERRE DE CRAON, *la regardant soudain
et comme frappé d'une idée.*

Est-ce tout ce que vous avez à me donner pour elle ? un peu d'or retiré de votre doigt ?

VIOLAINE

Cela ne suffit-il pas à payer une petite pierre ?

PIERRE DE CRAON

Mais Justice est une grande pierre elle-même.

VIOLAINE, *riant.*

Je ne suis pas de la même carrière.

PIERRE DE CRAON

130 Celle qu'il faut à la base n'est point celle qu'il faut pour le faîte.

VIOLAINE

Une pierre, si j'en suis une, que ce soit cette pierre active qui moud le grain accouplée à la meule jumelle.

PIERRE DE CRAON

Et Justitia aussi n'était qu'une humble petite fille près de sa mère.

Jusqu'à l'instant que Dieu l'appela à la confession.

VIOLAINE

Mais personne ne me veut aucun mal ! Faut-il que j'aille prêcher l'Évangile chez les Sarrasins ?

PIERRE DE CRAON

135 Ce n'est point à la pierre de choisir sa place, mais au Maître de l'œuvre qui l'a choisie.

VIOLAINE

Loué donc soit Dieu qui m'a donné la mienne tout de suite et je n'ai plus à la chercher. Et je ne lui en demande point d'autre.

Je suis Violaine, j'ai dix-huit ans, mon père s'appelle Anne Vercors, ma mère s'appelle Élisabeth,

Ma sœur s'appelle Mara, mon fiancé s'appelle Jacques. Voilà, c'est fini, il n'y a plus rien à savoir.

Tout est parfaitement clair, tout est réglé d'avance et je suis très contente.

140 Je suis libre, je n'ai à m'inquiéter de rien, c'est un autre qui me mène, le pauvre homme, et qui sait tout ce qu'il y a à faire !

Semeur de clochers, venez à Combernon ! nous vous
donnerons de la pierre et du bois, mais vous n'aurez
pas la fille de la maison !

Et d'ailleurs, n'est-ce pas ici déjà maison de Dieu,
terre de Dieu, service de Dieu ?

Est-ce que notre charge n'est pas du seul Monsanvierge que nous avons à nourrir et garder, fournissant
le pain, le vin et la cire,

Relevant de cette seule aire d'anges à demi dé-
ployés ?

145   Ainsi comme les hauts Seigneurs ont leur colombier,
nous avons le nôtre aussi, reconnaissable au loin.

PIERRE DE CRAON

Jadis passant dans la forêt de Fisme[1] j'ai entendu
deux beaux chênes qui parlaient entre eux,

Louant Dieu qui les avait fait inébranlables à la
place où ils étaient nés.

Maintenant, à la proue d'une drome[2], l'un fait la
guerre aux Turcs sur la mer Océane,

L'autre, coupé par mes soins, au travers de la Tour
de Laon[3],

150   Soutient Jehanne la bonne cloche dont la voix
s'entend à dix lieues.

Jeune fille, dans mon métier, on n'a pas les yeux
dans sa poche. Je reconnais la bonne pierre sous les
genévriers et le bon bois comme un maître-pivert :

Tout de même les hommes et les femmes.

VIOLAINE

Mais pas les jeunes filles, maître Pierre ! Ça, c'est
trop fin pour vous.

Et d'abord il n'y a rien à connaître du tout.

PIERRE DE CRAON, *à demi-voix.*

155 Vous l'aimez bien, Violaine?

VIOLAINE, *les yeux baissés.*

C'est un grand mystère entre nous deux.

PIERRE DE CRAON

Bénie sois-tu dans ton chaste cœur!
La sainteté n'est pas d'aller se faire lapider chez les
Turcs ou de baiser un lépreux sur la bouche,
Mais de faire le commandement de Dieu aussitôt,
160 Qu'il soit
De rester à notre place, ou de monter plus haut.

VIOLAINE

Ah, que ce monde est beau et que je suis heureuse!

PIERRE DE CRAON, *à demi-voix.*

Ah! que ce monde est beau et que je suis malheureux!

VIOLAINE, *levant le doigt vers le ciel.*

Homme de la ville, écoutez!

Pause.

165 Entendez-vous tout là-haut cette petite âme qui
chante?

PIERRE DE CRAON

C'est l'alouette!

VIOLAINE

C'est l'alouette, alleluia! L'alouette de la terre
chrétienne, alleluia, alleluia!

L'entendez-vous qui crie quatre fois de suite hi! hi! hi! hi! plus haut, plus haute!

La voyez-vous, les ailes étendues, la petite croix véhémente, comme les séraphins qui ne sont qu'ailes sans aucuns pieds et une voix perçante devant le trône de Dieu?

PIERRE DE CRAON

170 Je l'entends.

Et c'est ainsi qu'une fois je l'ai entendue à l'aurore, le jour que nous avons dédié ma fille, Notre-Dame de la Couture[1],

Et il lui brillait un peu d'or, à la pointe extrême de cette grande chose que j'avais faite, comme une étoile neuve!

VIOLAINE

Pierre de Craon, si vous aviez fait de moi à votre volonté,

Est-ce que vous en seriez plus joyeux, maintenant, ou est-ce que j'en serais plus belle?

PIERRE DE CRAON

175 Non, Violaine.

VIOLAINE

Et est-ce que je serais encore cette même Violaine que vous aimiez?

PIERRE DE CRAON

Non pas elle, mais une autre.

VIOLAINE

Et lequel vaut mieux, Pierre ? Que je vous partage
ma joie, ou que je partage votre douleur ?

PIERRE DE CRAON

Chante au plus haut du ciel, alouette de France !

VIOLAINE

180 Pardonnez-moi parce que je suis trop heureuse !
parce que celui que j'aime

M'aime, et je suis sûre de lui, et je sais qu'il m'aime,
et tout est égal entre nous !

Et parce que Dieu m'a faite pour être heureuse et
non point pour le mal et aucune peine.

PIERRE DE CRAON

Va au ciel d'un seul trait !

Quant à moi, pour monter un peu, il me faut tout
l'ouvrage d'une cathédrale et ses profondes fondations.

VIOLAINE

185 Et dites-moi que vous pardonnez à Jacques parce
qu'il va m'épouser.

PIERRE DE CRAON

Non, je ne lui pardonne pas.

VIOLAINE

La haine ne vous fait pas de bien, Pierre, et elle me
fait du chagrin.

PIERRE DE CRAON

C'est vous qui me faites parler. Pourquoi me forcer à
montrer l'affreuse plaie qu'on ne voit pas ?

Laissez-moi partir et ne m'en demandez pas davantage. Nous ne nous reverrons plus.

190   Tout de même j'emporte son anneau !

VIOLAINE

Laissez votre haine à la place et je vous la rendrai quand vous en aurez besoin.

PIERRE DE CRAON

Moi aussi, Violaine, je suis bien malheureux !

Il est dur d'être un lépreux et de porter avec soi la plaie infâme et de savoir que l'on ne guérira pas et que rien n'y fait,

Mais que chaque jour elle gagne et pénètre, et d'être seul et de supporter son propre poison, et de se sentir tout vivant corrompre !

195   Et non point, la mort, seulement une fois et dix fois la savourer, mais sans en rien perdre jusqu'au bout l'affreuse alchimie de la tombe !

C'est vous qui m'avez fait ce mal par votre beauté, car avant de vous voir j'étais pur et joyeux,

Le cœur à mon seul travail et idée sous l'ordre d'un autre.

Et maintenant que c'est moi qui commande à mon tour et de qui l'on prend le dessin,

Voici que vous vous tournez vers moi avec ce sourire plein de poison !

VIOLAINE

200   Le poison n'était pas en moi, Pierre !

PIERRE DE CRAON

Je le sais, il était en moi, et il y est toujours et cette chair malade n'a pas guéri l'âme atteinte !

Ô petite âme, est-ce qu'il était possible que je vous visse sans que je vous aimasse ?

VIOLAINE

Et certes vous avez montré que vous m'aimiez !

PIERRE DE CRAON

Est-ce ma faute si le fruit tient à la branche ?
205   Et quel est celui qui aime qui ne veut avoir tout de ce qu'il aime ?

VIOLAINE

Et c'est pourquoi vous avez essayé de me détruire ?

PIERRE DE CRAON

L'homme outragé aussi a ses ténèbres comme la femme.

VIOLAINE

En quoi vous ai-je manqué ?

PIERRE DE CRAON

Ô image de la Beauté éternelle, tu n'es pas à moi !

VIOLAINE

210   Je ne suis pas une image ! Ce n'est pas une manière de dire les choses !

PIERRE DE CRAON

Un autre prend en vous ce qui était à moi.

VIOLAINE

Il reste l'image.

PIERRE DE CRAON

Un autre me prend Violaine et me laisse cette chair
atteinte et cet esprit dévoré !

VIOLAINE

Soyez un homme, Pierre ! Soyez digne de la flamme
qui vous consume !
215   Et s'il faut être dévoré que ce soit sur un candélabre
d'or comme le Cierge Pascal en plein chœur pour la
gloire de toute l'Église !

PIERRE DE CRAON

Tant de faîtes sublimes ! Ne verrai-je jamais celui de
ma petite maison dans les arbres ?
Tant de clochers dont l'ombre en tournant écrit
l'heure sur toute une ville ! Ne ferai-je jamais le dessin
d'un four et de la chambre des enfants ?

VIOLAINE

Il ne fallait pas que je prisse pour moi seule ce qui
est à tous.

PIERRE DE CRAON

Quand sera la noce, Violaine ?

VIOLAINE

220   À la Saint-Michel[1], je suppose, lorsque la moisson
est finie.

PIERRE DE CRAON

Ce jour-là, quand les cloches de Monsanvierge se
seront tues, prêtez l'oreille et vous m'entendrez bien
loin de Rheims répondre.

VIOLAINE

Qui prend soin de vous là-bas?

PIERRE DE CRAON

J'ai toujours vécu comme un ouvrier; une botte de paille me suffit entre deux pierres, un habit de cuir, un peu de lard sur du pain.

VIOLAINE

Pauvre Pierre!

PIERRE DE CRAON

225 Ce n'est pas de cela qu'il faut me plaindre; nous sommes à part.
Je ne vis pas de plain-pied avec les autres hommes, toujours sous terre avec les fondations ou dans le ciel avec le clocher.

VIOLAINE

Eh bien! Nous n'aurions pas fait ménage ensemble! Je ne puis monter au grenier sans que la tête me tourne.

PIERRE DE CRAON

Cette église seule sera ma femme qui va être tirée de mon côté comme une Ève de pierre, dans le sommeil de la douleur.
Puissé-je bientôt sous moi sentir s'élever mon vaste ouvrage, poser la main sur cette chose indestructible que j'ai faite et qui tient ensemble dans toutes ses parties, cette œuvre bien fermée que j'ai construite de

pierre forte afin que le principe y commence, mon
œuvre que Dieu habite !
230　Je ne descendrai plus !

VIOLAINE

Il faut descendre. Qui sait si je n'aurai pas besoin de
vous un jour ?

PIERRE DE CRAON

Adieu, Violaine, mon âme, je ne vous verrai plus !

VIOLAINE

Qui sait si vous ne me verrez plus ?

PIERRE DE CRAON

Adieu, Violaine !
235　Que de choses j'ai faites déjà ! Quelles choses il me
reste à faire !
De l'ombre avec Dieu,
Pareille à celle de l'âme humaine pour que l'hostie
réside au milieu.
J'emporte votre anneau. Et qui sait si je n'emporte
pas l'âme de Violaine avec lui ?
L'âme de Violaine, mon amie, en qui mon cœur se
complaît,
240　L'âme de Violaine, mon enfant, pour que j'en fasse
une église.

*Mara Vercors est entrée et les observe du haut
de l'escalier sans qu'ils la voient.*

VIOLAINE

Adieu, Pierre !

PIERRE DE CRAON

Adieu ! Violaine !

VIOLAINE

Pauvre Pierre !

> *Ici le baiser, qui doit être administré avec*
> *beaucoup de solennité. Violaine de bas en haut*
> *prend la tête de Pierre entre ses mains et lui aspire*
> *l'âme.*
> *Mara fait un geste de surprise et sort.*

ACTE PREMIER

SCÈNE PREMIÈRE

Une grande table au milieu de la pièce sur laquelle la Mère est en train de repasser une pièce de toile. Anne Vercors est assis le dos à la table avec un livre de comptes sur les genoux.

ANNE VERCORS

Dis, la Mère : si tu crois que c'est commode de s'y retrouver, au milieu de tes croix et de tes ronds !

LA MÈRE

245 Moque-toi de moi, grand moqueux, avec ça que tu es si fort pour tenir tes comptes ! C'est la pelle, comme on dit... Comment c'est qu'on dit déjà ?

ANNE VERCORS

C'est la pelle qui se moque du fourgon.

LA MÈRE

Tout juste... C'est la pelle...

> *Elle asperge la toile du bout des doigts avec de l'eau qu'elle prend dans un bol sur la table.*

C'est la pelle qui se moque du fourgon.

ANNE VERCORS

Et toi, qu'est-ce que tu es en train de fourgonner?

LA MÈRE

250   Tu voudrais bien le savoir, mon malin?... C'est mon
secret.

ANNE VERCORS

Moi aussi, peut-être bien que j'ai un secret.

Il s'est levé et la regarde.

LA MÈRE, *sans le regarder.*

Pourquoi que tu me regardes comme ça?

ANNE VERCORS

Ô femme! voici depuis que nous nous sommes
épousés
Avec l'anneau qui a la forme de Oui, un mois,
255   Un mois dont chaque jour est une année.
Et longtemps tu m'es demeurée vaine
Comme un arbre qui ne produit que de l'ombre.
Et un jour nous nous sommes comme aujourd'hui
Considérés dans le milieu de notre vie,
260   Élisabeth! et j'ai vu les premières rides sur ton front
et autour de tes yeux.
Et, comme le jour de notre mariage,
Nous nous sommes étreints et pris, non plus dans
l'allégresse,
Mais dans la tendresse et dans la compassion et la
piété de notre foi mutuelle.
Et voici entre nous l'enfant et l'honnêteté
265   De ce doux narcisse, Violaine.

Et puis, la seconde nous naît
Mara la noire. Une autre fille et ce n'était pas un
garçon.

Pause.

Allons, maintenant, dis ce que tu as à dire, car je
sais quand c'est
Que tu te mets à parler sans vous regarder, disant
quelque chose et rien. Voyons !

LA MÈRE

270   Tu sais bien que l'on ne peut rien te dire. Mais tu
n'es jamais là, mais il faut que je t'attrape pour te
remettre un bouton.
Mais tu ne nous écoutes pas. Mais tu es toujours là,
comme un chien, à guingner et à guetter, à guingner et
à guetter je ne sais quoi qui va arriver.
Les hommes ne comprennent rien !

ANNE VERCORS

Les petites filles, les voilà grandes à présent !

LA MÈRE

Pas si grandes que cela !

ANNE VERCORS

275   À qui c'est qu'on va marier ça ?

LA MÈRE

On a bien le temps d'y songer.

ANNE VERCORS

Ô fausseté de femmes !

Dis quand c'est que tu penses une chose
Que tu ne nous dises d'abord le contraire, mali-
gnité ! Je te connais.

LA MÈRE

280   Je dirai plus rien.

ANNE VERCORS

Jacques Hury.

LA MÈRE

Eh bien ?

ANNE VERCORS

Voilà. Je lui donnerai Violaine.
Et il sera à la place du garçon que je n'ai pas eu.
C'est un homme droit et courageux.
285   Je le connais depuis qu'il est un petit gars et que sa
mère nous l'a donné. C'est moi qui lui ai tout appris,
Les graines, les bêtes, les gens, les armes, les outils,
les voisins, les supérieurs, la coutume, — Dieu, —
Le temps qu'il fait, l'habitude de ce terroir antique,
La manière de réfléchir avant que de parler.
Je l'ai vu devenir homme pendant qu'il me regardait,
290   Et il n'était point de ceux qui contredisent, mais qui
réfléchissent, comme une terre qui accepte toutes les
graines.
Et ce qui est faux, ne prenant pas de racines, cela
meurt ;
Et ainsi pour ce qui est vrai on ne peut dire qu'il y
croit, mais cela croît en lui, ayant trouvé nourriture.

LA MÈRE

Faudrait savoir s'ils ont tant que ça du goût l'un
pour l'autre.

ANNE VERCORS

Violaine
295   Fera ce que je lui aurai dit,
Et pour lui, je sais qu'il l'aime et que tu le sais bien
aussi.
Cependant le sot n'ose rien me dire. Mais je la lui
donnerai s'il veut. Ça sera ça et ça comme ça sera.

LA MÈRE

Bon, bon, bin oui, bin oui.
Sans doute que cela va bien ainsi. Sans doute que ça
sera bien comme ça.

ANNE VERCORS

300   C'est tout ? tu n'as pas d'autres choses à dire ?

LA MÈRE

Quoi donc ?

ANNE VERCORS

Eh bien ! je m'en vais le chercher.

LA MÈRE

Comment, le chercher ? Comment, le chercher ?
Anne !

ANNE VERCORS

Il faut que tout soit réglé incontinent. J'aurai
quelque chose à te dire tantôt.

LA MÈRE

305 À me dire? Quoi à me dire? — Anne, écoute-moi un
peu... — J'ai peur...

ANNE VERCORS

Eh bien?

LA MÈRE

Mara
Couchait dans ma chambre cet hiver, pendant que
tu étais malade, et on causait le soir dans nos lits.
Bien sûr que c'est un brave garçon et je l'aime
comme mon enfant, presque.
310 Il n'a pas de bien, c'est vrai, mais c'est un bon
laboureur, et il est de bonne famille.
On pourrait leur y donner
Notre cens des Demi-Muids[1] avec les terres du bas
qui sont trop loin pour nous. — Je voulais te parler de
lui aussi.

ANNE VERCORS

Eh bien?

LA MÈRE

Eh bien! rien.
315 Sans doute que Violaine est l'aînée.

ANNE VERCORS

Allons, après?

LA MÈRE

Après? que sais-tu pour sûr s'il l'aime? — Notre
compère, maître Pierre,

(Pourquoi qu'il est resté à l'écart c'te fois-ci sans voir personne?)

320 Tu l'as vu l'an dernier quand il est venu.

Et de quel air il la regardait pendant qu'elle nous servait. — Certainement il n'a pas de terre, mais il gagne bien de l'argent.

— Et elle, pendant qu'il parlait,

Comme elle l'écoutait, les yeux tout grands comme une innocente,

Oubliant de verser à boire, en sorte que j'ai dû me mettre en colère!

325 — Et Mara, tu la connais! Tu sais comme elle est butée!

Si elle a idée, donc,

Qu'elle épouse Jacques, — hé là! la la la! elle est dure comme le fer.

Moi, je ne sais pas! Peut-être qu'il vaudrait mieux...

ANNE VERCORS

Qu'est-ce que c'est que ces bêtises?

330 LA MÈRE

C'est bien! c'est bien! On peut causer comme ça. Faut pas se fâcher.

ANNE VERCORS

Je le veux. Ça sera comme ça.
Jacques épousera Violaine.

LA MÈRE

Eh bien! Mes amis, ça va : il l'épousera donc.

ANNE VERCORS

Et maintenant, pauvre maman, j'ai autre chose à te dire, la vieille ! Je pars.

335

LA MÈRE

Je pars ?... Tu pars ?
Quoi c'est que tu dis là ? Tu pars, tu pars, vieil homme ?

ANNE VERCORS

C'est pourquoi il faut que Jacques épouse Violaine sans tarder et qu'il soit l'homme ici à ma place.

LA MÈRE

Seigneur ! tu pars ? c'est pour de bon ? Et où c'est que tu vas ?

ANNE VERCORS, *montrant vaguement le midi.*

Là-bas.

340

LA MÈRE

À Château[1] ?

ANNE VERCORS

Plus loin que Château.

LA MÈRE, *baissant la voix.*

À Bourges, chez l'autre Roi[2] ?

ANNE VERCORS

Chez le Roi des Rois, à Jérusalem.

LA MÈRE

Sainte Vierge, mon doux Jésus !

Elle s'assied.

345   C'est-il que la France n'est plus assez bonne pour
toi ?

ANNE VERCORS

Il y a trop de peine en France.

LA MÈRE

Mais nous sommes ici bien à l'aise et personne ne
touche à Rheims.

ANNE VERCORS

C'est cela.

LA MÈRE

C'est cela quoi ?

ANNE VERCORS

350   C'est cela, nous sommes trop heureux.
Et les autres pas assez.

LA MÈRE

Anne, ce n'est pas de notre faute.

ANNE VERCORS

Ce n'est pas de la leur non plus.

LA MÈRE

Je ne sais pas. Je sais que tu es là et que j'ai deux
enfants.

ANNE VERCORS

355   Mais tu vois au moins que tout est ému et dérangé

de sa place, et chacun recherche éperdument où elle est.

Et ces fumées que l'on voit parfois au loin, ce n'est pas de la vaine paille qui brûle,

Et ces grandes bandes de pauvres qui nous arrivent de tous les côtés.

Il n'y a plus de Roi sur la France, selon qu'il a été prédit par le Prophète*.

LA MÈRE

C'est ça que tu nous lisais l'autre jour ?

ANNE VERCORS

360   À la place du Roi nous avons deux enfants.

L'un, l'Anglais, dans son île[2]

Et l'autre, si petit qu'on ne le voit plus, entre les roseaux de la Loire[3].

À la place du Pape, nous en avons trois[4] et à la place de Rome, je ne sais quel concile en Suisse[5].

Tout entre en lutte et en mouvement,

365   N'étant plus maintenu par le poids supérieur.

LA MÈRE

Et toi aussi, voilà que tu veux t'en aller ?

---

* « Voici que le Seigneur ôtera de Jérusalem et de Juda l'homme fort et valide, toute-puissance du pain et toute celle de l'eau, le fort et l'homme de guerre, et le prophète, et le divinateur, et le vieillard ; le prince au-dessus de cinquante ans et toute personne honorable ; et le sage architecte et l'expert du langage mystique. Et je leur donnerai des enfants pour princes et des efféminés seront leurs maîtres. » (Is. [1])

ANNE VERCORS

Je ne puis plus tenir ici.

LA MÈRE

Anne, t'ai-je fait aucune peine?

ANNE VERCORS

Non, mon Élisabeth.

LA MÈRE

370 Voilà que tu m'abandonnes dans ma vieillesse.

ANNE VERCORS

Toi-même, donne-moi congé.

LA MÈRE

Tu ne m'aimes plus et tu n'es plus heureux avec moi.

ANNE VERCORS

Je suis las d'être heureux.

LA MÈRE

Ne méprise point le don que le Bon Dieu a fait.

ANNE VERCORS

375 Dieu soit loué qui m'a comblé de ses biens!
Voici trente ans que je tiens ce fief sacré de mon père
et que Dieu pleut sur mes sillons.
Et depuis dix ans il n'est pas une heure de mon
travail
Qu'il n'ait quatre fois payée et une fois encore,

Comme s'il ne voulait pas rester en balance avec
moi et laisser ouvert aucun compte.
380   Tout périt et je suis épargné.
En sorte que je paraîtrai devant Lui vide et sans
titre, entre ceux qui ont reçu leur récompense.

LA MÈRE

C'est assez que d'un cœur reconnaissant.

ANNE VERCORS

Mais moi je ne suis pas rassasié de ses biens,
Et parce que j'ai reçu ceux-ci, pourquoi laisserais-je
à d'autres les plus grands ?

LA MÈRE

385   Je ne t'entends pas.

ANNE VERCORS

Lequel reçoit davantage, le vase plein, ou vide ?
Et laquelle a besoin de plus d'eau, la citerne ou la
source ?

LA MÈRE

La nôtre est presque tarie par ce grand été.

ANNE VERCORS

Tel a été le mal du monde, que chacun a voulu jouir
de ses biens, comme s'ils avaient été créés pour lui.

LA MÈRE

390   Tu as ton devoir avec nous.

ANNE VERCORS

Non pas si tu m'en délies.

LA MÈRE

Je ne t'en délierai pas.

ANNE VERCORS

Tu vois que la part que j'avais à faire est faite.
Les deux enfants sont élevés, Jacques est là qui
prend ma place.

LA MÈRE

395   Qui t'appelle loin de nous?

ANNE VERCORS, *souriant*.

Un ange sonnant de la trompette.

LA MÈRE

Quelle trompette?

ANNE VERCORS

La trompette sans aucun son que tous entendent.

LA MÈRE

Jérusalem est si loin!

ANNE VERCORS

400   Le paradis l'est davantage.

LA MÈRE

Dieu au tabernacle est avec nous ici même.

ANNE VERCORS

Mais non point ce grand trou dans la terre!

LA MÈRE

Quel trou ?

ANNE VERCORS

Qu'y fit la Croix lorsqu'elle fut plantée.
405   La voici qui tire tout à elle.
Là est le point qui ne peut être défait, le nœud qui ne
peut être dissous.

LA MÈRE

Que peut un seul pèlerin ?

ANNE VERCORS

Je ne suis pas seul !
Les voilà tous en marche avec moi toutes ces âmes,
les uns qui me poussent et les autres qui m'entraînent
et les autres qui me tiennent la main.

LA MÈRE

410   Qui sait si nous n'aurons pas nécessité de toi ici ?

ANNE VERCORS

Qui sait si l'on n'a pas nécessité de moi ailleurs ?
Tout est en branle, qui sait si je ne gêne pas l'ordre
de Dieu en restant à cette place
Où le besoin qui était de moi a cessé ?

LA MÈRE

Je sais que tu es un homme inflexible.

ANNE VERCORS, *tendrement,*
changeant de voix.

415   Tu es toujours jeune et belle pour moi et l'amour

que j'ai pour ma douce Élisabeth aux cheveux noirs est
grand.

LA MÈRE

Mes cheveux sont gris !

ANNE VERCORS

Dis oui, Élisabeth...

LA MÈRE

Anne, tu ne m'as pas quittée pendant ces trente
années. Qu'est-ce que je vais devenir sans mon chef et
mon compagnon ?

ANNE VERCORS

... Le oui qui nous sépare, à cette heure, bien bas,
420   Aussi plein que celui qui nous a fait jadis un seul.

Silence.

LA MÈRE, *tout bas.*

Oui, Anne.

ANNE VERCORS

Patience, Zabillet ! Bientôt je serai revenu.
Ne peux-tu avoir foi en moi un peu de temps, sans
que je sois ici ?
Bientôt vient une autre séparation.
425   Allons, mets-moi le repas de deux jours dans un sac.
Il faut partir.

LA MÈRE

Eh quoi ! aujourd'hui, aujourd'hui même ?

ANNE VERCORS

Aujourd'hui même. Adieu, Élisabeth !

> *Il lui met la main sur la tête. La Mère lui*
> *prend la main et la baise.*

ANNE VERCORS

Eh bien, je vais dire aux gens de venir. Les hommes, les femmes, les enfants, je vais sonner la cloche. Il faut que tout le monde soit là, j'ai quelque chose à leur dire.

> *Il sort.*

SCÈNE II

> *Pendant cette scène on entend sonner la cloche qui convoque les*
> *gens à la ferme.*

> *Entre Mara.*

MARA, *à la Mère.*

Va, et dis-lui qu'elle ne l'épouse pas.

LA MÈRE

430 Mara ! Comment, tu étais là ?

MARA

Va-t'en, je te dis, lui dire qu'elle ne l'épouse pas !

LA MÈRE

Qui, elle ? qui, lui ? que sais-tu si elle l'épouse ?

MARA

J'étais là. J'ai tout entendu.

LA MÈRE

Eh bien, ma fille! c'est ton père qui le veut.
435   Tu as vu que j'ai fait ce que j'ai pu et on ne le fait
pas changer d'idée.

MARA

Va-t'en lui dire qu'elle ne l'épouse pas, ou je me
tuerai!

LA MÈRE

Mara!

MARA

Je me pendrai dans le bûcher,
440   Là où l'on a trouvé le chat pendu.

LA MÈRE

Mara! méchante!

MARA

Voilà encore qu'elle vient me le prendre!
Voilà qu'elle vient me le prendre à cette heure!
C'est moi
Qui devais toujours être sa femme, et non pas elle.
Elle sait très bien que c'est moi.

LA MÈRE

445   Elle est l'aînée.

MARA

Qu'est-ce que cela fait?

LA MÈRE

C'est ton père qui le veut.

MARA

Cela m'est égal.

LA MÈRE

Jacques Hury
450   L'aime.

MARA

Ça n'est pas vrai ! Je sais bien que vous ne m'aimez
pas !
Vous l'avez toujours préférée ! Oh, quand vous
parlez de votre Violaine, c'est du sucre,
C'est comme une cerise qu'on suce, au moment que
l'on va cracher le noyau !
Mais Mara l'agache[1] ! Elle est dure comme le fer,
elle est aigre comme la cesse[2] !
455   Avec cela, qu'elle est déjà si belle, votre Violaine !
Et voilà qu'elle va avoir Combernon à cette heure !
Qu'est-ce qu'elle sait faire, la gnolle[3] ? qui est-ce de
nous deux qui fait marcher la charrette ?
Elle se croit comme sainte Onzemillevierges ! Mais
moi, je suis Mara Vercors qui n'aime pas l'injustice et
le faire accroire,
Mara qui dit la vérité et c'est cela qui met les gens
en colère !
460   Qu'ils s'y mettent ! je leur fais la figue. Il n'y a pas
une de ces femmes ici qui grouille devant moi, les
bonifaces ! Tout marche comme au moulin.
Et voilà que tout est pour elle et rien pour moi.

LA MÈRE

Tu auras ta part.

MARA

Voire! Les grèves d'en haut! des limons qu'il faut cinq bêtes pour labourer! les mauvaises terres de Chinchy[1].

LA MÈRE

Ça rapporte bien tout de même.

MARA

465 Sûrement.
Des chiendents et des queues-de-renard, du séné et des bouillons-blancs!
J'aurai de quoi me faire de la tisane.

LA MÈRE

Mauvaise, tu sais bien que ce n'est pas vrai!
Tu sais bien qu'on ne te fait pas tort de rien!
470 Mais c'est toi qui as toujours été méchante! Quand tu étais petite,
Tu ne criais pas quand on te battait,
Dis, noirpiaude, vilaine!
Est-ce qu'elle n'est pas l'aînée? Q'as-tu à lui reprocher,
Jalouse! Mais elle fait toujours ce que tu veux.
475 Eh bien! elle se mariera la première, et tu te marieras, toi aussi, après!
Et du reste, il est trop tard, car le père va s'en aller, oh! que je suis triste!
Il est allé parler à Violaine et il va chercher Jacques

MARA

C'est vrai! Va tout de suite! Va-t'en tout de suite!

LA MÈRE

Où cela?

MARA

480   Mère, voyons! Tu sais bien que c'est moi! Dis-lui
qu'elle ne l'épouse pas, maman!

LA MÈRE

Assurément je n'en ferai rien.

MARA

Répète-lui seulement ce que j'ai dit. Dis-lui que je
me tuerai. Tu m'as bien entendue?

Elle la regarde fixement.

LA MÈRE

Ha!

MARA

Crois-tu que je ne le ferai pas?

LA MÈRE

485   Si fait, mon Dieu!

MARA

Va donc!

LA MÈRE

Ô
Tête!

MARA

Tu n'es là-dedans pour rien.
490 Répète-lui seulement ce que j'ai dit.

LA MÈRE

Et lui, que sais-tu s'il voudra t'épouser?

MARA

Certainement il ne voudra pas.

LA MÈRE

Eh bien...

MARA

Eh bien?

LA MÈRE

495 Ne crois pas que je lui conseille de faire ce que tu
veux! au contraire!
Je répéterai seulement ce que tu as dit. Bien sûr
Qu'elle ne sera pas assez sotte que de te céder, si elle
me croit.

Elle sort.

SCÈNE III

*Entrent Anne Vercors et Jacques Hury. Ce
dernier pousse devant lui un homme d'aspect
fâcheux, les mains liées derrière le dos. Il est suivi
de deux serviteurs dont l'un porte un fagot de bois
vert, un autre derrière lui tient un chien en laisse.*

ANNE VERCORS, *s'arrêtant.*

Hé! que me racontes-tu là?

JACQUES HURY

Tel que je vous le dis ! Cette fois je l'ai pris sur le fait,
la serpe à la main !

500   Je venais tout doucement par-derrière et tout d'un
coup !

Flac ! je me suis jeté sur lui de toute ma hauteur,

Tout chaud, comme on se jette sur un lièvre au gîte
au temps de la moisson.

Et vingt jeunes peupliers en botte à côté de lui, ceux
auxquels vous tenez tant !

ANNE VERCORS

Que ne venait-il me trouver ? Je lui aurais donné le
bois qu'il faut.

JACQUES HURY

505   Le bois qu'il lui faut, c'est le manche de mon fouet !

Ce n'est pas le besoin, c'est mauvaiseté, c'est idée de
faire le mal !

Ce sont ces mauvaises gens de Chevoche[1] qui sont
toujours prêts à faire n'importe quoi

Par gloire, pour braver le monde !

Mais pour cet homme-là, je vas lui couper les
oreilles avec mon petit couteau !

ANNE VERCORS

510   Non.

JACQUES HURY

Laissez-moi l'attacher à la herse par les poignets
devant la Grand'porte,

La figure tournée contre les dents ; avec le chien
Faraud pour le surveiller.

ANNE VERCORS

Non plus.

JACQUES HURY

Qu'est-ce donc qu'il faut faire?

ANNE VERCORS

515 Le renvoyer chez lui.

JACQUES HURY

Avec sa bourrée?

ANNE VERCORS

Et avec une autre que tu lui donneras. Va vite la chercher.

JACQUES HURY

Notre père, ce n'est pas bien.

ANNE VERCORS, *clignant de l'œil.*

Tu pourras l'attacher au milieu, de peur qu'il ne les perde.

520 Cela l'aidera à passer le gué de Saponay[1].

JACQUES HURY, *éclatant de rire.*

Ah, notre maître! il n'y a que vous pour avoir des idées comme ça!

> *On attache les fagots sur le dos et la poitrine du bonhomme. Cortège falot[2].*
> *L'un des serviteurs marche le premier faisant semblant de jouer de la trompette. Les autres par derrière. Le chien bondit et aboie. Ils sortent.*

ANNE VERCORS

Voilà, j'ai rendu la justice.

JACQUES HURY

Et bien rendu, notre maître !

ANNE VERCORS

C'est toi, Jacques, maintenant qui la rendra à ma place.

JACQUES HURY

525   Qu'est-ce que vous dites ?

ANNE VERCORS

C'est toi, Jacques, maintenant qui la rendras à ma place. C'est toi que j'ai choisi. C'est toi que je mets sur Combernon à ma place.

JACQUES HURY

Qu'est-ce qu'il dit, vous entendez, la Mère ? Qu'est-ce qu'il dit, qu'est-ce qu'il dit ?

LA MÈRE, *criant de toutes ses forces.*

Il s'en va en Palestine à Jérusalem.

JACQUES HURY

Jérusalem ?

ANNE VERCORS

530   Il est vrai. Je pars à cet instant même.

JACQUES HURY

Je pars ? Jérusalem ? qu'est-ce que cela veut dire ?

ANNE VERCORS

Tu as très bien entendu.

JACQUES HURY

Comme cela, dans le moment du grand travail, vous
nous quittez ?

ANNE VERCORS

Il ne faut pas deux chefs à Combernon.

JACQUES HURY

535 Mon père, je ne suis que votre fils.

ANNE VERCORS

C'est toi qui seras le père ici à ma place.

JACQUES HURY

Je ne vous entends pas.

ANNE VERCORS

Je m'en vais. Tiens Combernon à ma place.
Comme je le tiens de mon père et celui-ci du sien,
540 Et Radulphe le Franc [1], premier de notre lignée, de
Saint Remy de Rheims,
Qui lui-même de Geneviève de Paris [2]
Tenait cette terre alors païenne toute horrible de
mauvais arbres et d'épines empoisonnées.
Ainsi cette terre est libre que nous tenons de Saint
Remy au ciel, payant dîme là-haut pour cimier à ce vol
un instant posé de colombes gémissantes.
Les bêtes ici ne sont jamais malades ; les pis, les
puits ne sèchent jamais, le grain est dur comme de l'or,
la paille est raide comme du fer.

545 Et contre les pillards nous avons des armes, et les
murailles de Combernon, et le roi, notre voisin.

Recueille cette moisson que j'ai semée, comme moi-
même autrefois j'ai rabattu la motte sur le sillon que
mon père avait tracé.

Ô bon ouvrage de l'agriculteur, où le soleil est
comme notre bœuf luisant, et la pluie notre banquier,
et Dieu tous les jours au travail notre compagnon,
faisant de tous le mieux !

Les autres attendent leur bien des hommes mais
nous le recevons tout droit du ciel même,

Cent pour un, l'épi pour une graine et l'arbre pour
un pépin.

550 Car telle est la justice de Dieu avec nous, et sa
mesure à lui dont il nous repaye.

Tiens les manches de la charrue à ma place, délivre
la terre de ce pain que Dieu lui-même a désiré.

Donne à manger à toutes les créatures, aux hommes
et aux animaux, et aux esprits et aux corps, et aux
âmes immortelles.

Vous autres, femmes, serviteurs, regardez ! Voici le
fils de mon choix, Jacques Hury.

Je m'en vais et il demeure à ma place. Obéissez-lui.

JACQUES HURY

555 Qu'il soit fait à votre volonté.

ANNE VERCORS

Violaine !

Mon enfant née la première à la place de ce fils que
je n'ai pas eu !

Héritière de mon nom en qui je vais être donné à un
autre !

Violaine, quand tu auras un mari, ne méprise point
l'amour de ton père.

560 Car tu ne peux pas rendre au père ce qu'il t'a donné,
quand tu le voudrais.

Tout est égal entre les époux; ce qu'ils ignorent, ils
l'acceptent l'un de l'autre dans la foi.

Voici la religion mutuelle, voici cette servitude par
qui le sein de la femme se gonfle de lait!

Mais le père voit ses enfants hors de lui et connaît ce
qui était en lui déposé. Connais, ma fille, ton père!

L'amour du Père

565 Ne demande point de retour et l'enfant n'a pas
besoin qu'il le gagne ou le mérite;

Comme il était avec lui avant le commencement, il
demeure

Son bien et son héritage, son recours, son honneur,
son titre, sa justification!

Mon âme ne se sépare point de cette âme que j'ai
communiquée.

— Et maintenant l'heure, l'heure, l'heure est venue
pour nous de nous séparer.

VIOLAINE

570 Père! ne dites point cette chose cruelle!

ANNE VERCORS

Jacques, tu es l'homme que j'aime. Prends-la. Je te
donne ma fille Violaine! Ôte-lui mon nom,

Aime-la, car elle est nette comme l'or.

Tous les jours de ta vie, comme le pain dont on ne se
rassasie pas.

Elle est simple et obéissante, elle est sensible et
secrète.

575   Ne lui fais point de peine et traite-la avec bonté.
       Tout est ici à toi, sauf la part qui sera faite à Mara
       selon que je l'ai arrangé.

JACQUES HURY

Quoi, mon père, votre fille, votre bien...

ANNE VERCORS

Je te donne tout ensemble, selon qu'ils sont à moi.

JACQUES HURY

Mais qui sait si elle veut de moi encore ?

ANNE VERCORS

580   Qui le sait ?

> *Elle regarde Jacques et fait oui sans rien dire*
> *avec la bouche.*

JACQUES HURY

Vous voulez de moi, Violaine ?

VIOLAINE

C'est le père qui veut.

JACQUES HURY

Vous voulez bien aussi ?

VIOLAINE

Je veux bien aussi.

JACQUES HURY

Violaine !
585   Comment est-ce que je vais m'arranger avec vous ?

VIOLAINE

Songez-y pendant qu'il en est temps encore!

JACQUES HURY

Alors je vous prends de par Dieu et je ne vous lâche plus!

Il la prend à deux mains.

Je vous tiens pour de bon, votre main et le bras avec, et tout ce qui vient avec le bras.

590 Parents, votre fille n'est plus à vous! c'est à moi seul!

ANNE VERCORS

Eh bien, ils sont mariés, c'est fait! Que dis-tu, la mère?

LA MÈRE

Je suis bien contente!

Elle pleure.

ANNE VERCORS

Elle pleure, la femme!
Va! voilà qu'on nous prend nos enfants et que nous resterons seuls.
595 La vieille femme qui se nourrit d'un peu de lait et d'un petit morceau de gâteau.
Et le vieux aux oreilles pleines de poils blancs comme un cœur d'artichaut.
— Que l'on prépare la robe de noces!
— Enfants, je ne serai pas là à votre mariage.

VIOLAINE

Quoi, père!

LA MÈRE

600   Anne!

ANNE VERCORS

Je pars. Maintenant.

VIOLAINE

Ô père, quoi! avant que nous soyons mariés?

ANNE VERCORS

Il le faut. La mère t'expliquera tout.

Entre Mara.

LA MÈRE

Combien de temps vas-tu rester là-bas?

ANNE VERCORS

605   Je ne sais. Peu de temps peut-être.
Bientôt je suis de retour.

Silence.

VOIX D'ENFANT AU LOIN:

Compère loriot!
Qui mange les cesses et qui laisse le noyau!

ANNE VERCORS

Le loriot siffle au milieu de l'arbre rose et doré!
610   Qu'est-ce qu'il dit? que la pluie de cette nuit a été
comme de l'or pour la terre

Après ces longs jours de chaleur. Qu'est-ce qu'il dit ?
il dit qu'il fait bon labourer.

Qu'est-ce qu'il dit encore ? qu'il fait beau, que Dieu
est grand, qu'il y a encore deux heures avant midi.

Qu'est-ce qu'il dit encore, le petit oiseau ?

Qu'il est temps que le vieux homme s'en aille

615 Ailleurs et qu'il laisse le monde à ses affaires.

— Jacques, je te laisse mon bien, défends ces
femmes.

JACQUES HURY

Comment, est-ce que vous partez ?

ANNE VERCORS

Je crois qu'il n'a rien entendu.

JACQUES HURY

Comme cela, tout de suite ?

ANNE VERCORS

620 Il est l'heure.

LA MÈRE

Tu ne vas pas partir avant que d'avoir mangé ?

> *Pendant ce temps les servantes ont dressé la*
> *grande table pour le repas de la ferme.*

ANNE VERCORS, *à une servante.*

Holà, mon sac, mon chapeau !
Apporte mes souliers ! apporte mon manteau.
Je n'ai pas le temps de prendre ce repas avec vous.

LA MÈRE

625   Anne! combien de temps vas-tu rester là-bas? Un
an, deux ans? Plus que deux ans?

ANNE VERCORS

Un an. Deux ans. Oui, c'est cela.
Pour la première fois je te quitte, ô maison!
Combernon, haute demeure!
Veille bien à tout! Jacques sera ici à ma place. Voilà
la cheminée où il y a toujours du feu, voilà la grande
table où je donne à manger à mon peuple.
630   Prenez place tous! une dernière fois je vous partage-
rai le pain.

> *Il prend place au bout de la longue table, ayant
> la Mère à sa droite. Tous les serviteurs et les
> servantes sont debout, chacun à sa place.*
> *Il prend le pain, fait une croix dessus avec le
> couteau, le coupe et le fait distribuer par Violaine
> et Mara. Lui-même conserve le dernier morceau.*
> *Puis il se tourne solennellement vers la Mère et
> lui ouvre les bras.*

Adieu, Élisabeth!

LA MÈRE, *pleurant, dans ses bras.*

Tu ne me reverras plus.

ANNE VERCORS, *plus bas.*

Adieu, Élisabeth.

> *Il se tourne vers Mara et la regarde longuement
> et gravement, puis il lui tend la main.*

Adieu, Mara! sois bonne.

MARA, *lui baisant la main.*

635 Adieu, père !

> *Silence. Anne Vercors est debout, regardant devant lui, comme s'il ne voyait pas Violaine, qui se tient, pleine de trouble, à son côté. À la fin il se tourne un peu vers elle et elle lui passe les bras autour du cou, la figure contre sa poitrine, sanglotant.*
>
> *Anne Vercors, comme s'il ne s'en apercevait pas, aux serviteurs :*

Vous tous, adieu !

J'ai toujours été juste pour vous. Si quelqu'un dit le contraire, il ment.

Je ne suis pas comme les autres maîtres. Mais je dis que c'est bien quand il faut, et je réprimande quand il faut.

Maintenant que je m'en vais, faites comme si j'étais là.

640 Car je reviendrai. Je reviendrai au moment que vous ne m'attendez pas.

> *Il leur donne à tous la main.*

Que l'on amène mon cheval !

> *Silence.*

> *Se penchant vers Violaine qui le tient toujours embrassé.*

Qu'est-ce qu'il y a, petit enfant ?

Tu as échangé un mari pour ton père.

VIOLAINE

Hélas! Père! Hélas!

Il lui défait doucement les mains.

LA MÈRE

645 Dis quand tu reviendras.

ANNE VERCORS

Je ne puis pas le dire.

Peut-être ce sera le matin, peut-être à midi quand on mange.

Et peut-être que la nuit, vous réveillant, vous entendrez mon pas sur la route.

Adieu!

Il sort.

> *Tous les assistants restent comme pétrifiés. Jacques Hury prend la main de Violaine. On entend au loin le coucou qui dit :*

> mi di!
> mi di!
> là-bas!
> là-bas!

ACTE II

La même salle.

UNE VOIX DE FEMME AU CIEL, *du haut*
de la plus haute tour de Monsanvierge :

650   *Salve Regina mater misericordiæ*
Vita dulcedo et spes nostra salve
Ad te clamamus exsules filii Hevæ
Ad te suspiramus gementes et flentes in hac lacrymarum
valle.
Eia ergo advocata nostra illos tuos misericordes oculos ad nos
converte
655   *Et Jesum benedictum fructum ventris tui nobis post hoc*
exilium ostende
O clemens
O pia
O dulcis Virgo Maria[1] *!*

> *Longue pause pendant laquelle la scène reste*
> *vide.*

SCÈNE PREMIÈRE

Entrent la Mère et Mara.

MARA

Qu'a-t-elle dit ?

LA MÈRE

660   J'amenais cela tout en allant. Tu vois que depuis
quelques jours elle a perdu sa gaieté.

MARA

Elle ne parle jamais tant.

LA MÈRE

Mais elle ne rit plus. Ça me fait de la peine.
C'est peut-être que Jacquin n'est pas là, mais il
revient aujourd'hui.
— Et le père aussi est parti.

MARA

665   C'est tout ce que tu lui as dit ?

LA MÈRE

C'est ce que je lui ai dit, et le reste sans y rien
changer, comme tu me l'as fait réciter :
Jacquin et toi : que tu l'aimes, et tout,
Et que cette fois il ne faut pas être bête et se laisser
faire, ça je l'ai ajouté et je l'ai répété deux et trois fois ;
Et rompre le mariage qui est comme fait, contre la
volonté du père.
670   Qu'est-ce que les gens donc penseraient ?

MARA

Et qu'a-t-elle répondu ?

LA MÈRE

Elle s'est mise à rire, et moi, je me suis mise à pleurer.

MARA

Je la ferai rire !

LA MÈRE

Ce n'est pas le rire que j'aime de ma petite fille, et moi aussi je me suis mise à pleurer.
675 Et je disais : « Non, non, Violaine, mon enfant ! »
Mais elle de la main sans parler me fit signe qu'elle voulait être seule.
Ah ! qu'on a de mal avec ses enfants !

MARA

Chut !

LA MÈRE

Qu'y a-t-il ?
680 J'ai le regret de ce que j'ai fait.

MARA

Bien ! La vois-tu là-bas au fond du clos ? Elle marche derrière les arbres. On ne la voit plus.

> *Silence. — On entend derrière la scène un appel de cornet.*

LA MÈRE

Voilà Jacquin qui revient. Je reconnais le son de sa
corne.

MARA

Éloignons-nous.

Elles sortent.

SCÈNE II

Entre Jacques Hury.

JACQUES HURY
(Il regarde tout autour de lui.)

Je ne la vois pas.
685 Et cependant elle m'avait fait dire
Qu'elle voulait me voir ce matin même
Ici.

Entre Mara. — Elle s'avance vers Jacques et
à six pas lui fait une révérence cérémonieuse.

JACQUES HURY

Bonjour, Mara !

MARA

Monseigneur, votre servante !

JACQUES HURY

690 Quelle est cette grimace ?

MARA

Ne vous dois-je point hommage ? n'êtes-vous pas le
maître céans, ne relevant que de Dieu seul, comme le
Roi de France lui-même et l'Empereur Charlemagne ?

JACQUES HURY

Raillez, mais cela est vrai tout de même ! Oui, Mara,
c'est beau ! Chère sœur, je suis trop heureux !

MARA

Je ne suis pas votre *chère sœur* ! Je suis votre servante
puisqu'il le faut.
Homme de Braine [1] ! fils de la terre serve ! je ne suis
pas votre sœur, vous n'êtes pas de notre sang !

JACQUES HURY

695   Je suis l'époux de Violaine.

MARA

Vous ne l'êtes pas encore.

JACQUES HURY

Je le serai demain.

MARA

Qui sait ?

JACQUES HURY

Mara, j'y ai mûrement pensé
700   Et je crois que vous avez rêvé cette histoire que vous
m'avez racontée l'autre jour.

MARA

Quelle histoire?

JACQUES HURY

Ne faites point l'étonnée.

Cette histoire du maçon, ce baiser clandestin au point du jour.

MARA

C'est possible. J'ai mal vu. J'ai de bons yeux pourtant.

JACQUES HURY

705   Et l'on m'a dit tout bas que l'homme est lépreux!

MARA

Je ne vous aime pas, Jacques.

Mais vous avez le droit de tout savoir. Il faut que tout soit net et clair à Monsanvierge qui est en montrance sur tout le Royaume.

JACQUES HURY

Tout cela sera tiré à jour en ce moment.

MARA

Vous êtes fin et rien ne vous échappe.

JACQUES HURY

710   Je vois du moins que vous ne m'aimez pas.

MARA

Là! là! Que disais-je? que disais-je?

JACQUES HURY

Tout le monde ici n'est pas de votre sentiment.

MARA

Vous parlez de Violaine? Je rougis de cette petite
fille.
Il est honteux de se donner ainsi,
715　Âme, chair, cœur, peau, le dessus, le dedans et la
racine.

JACQUES HURY

Je sais qu'elle est entièrement à moi.

MARA

Oui.
Comme il dit bien cela! comme il est sûr de ces
choses qui sont à lui! Brainard de Braine!
Ces choses seules sont à soi que l'on a faites, ou
prises, ou gagnées.

JACQUES HURY

720　Mais moi, Mara, vous me plaisez et je n'ai rien
contre vous.

MARA

Comme tout ce qui est d'ici sans doute?

JACQUES HURY

Ce n'est pas ma faute que vous ne soyez pas un
homme et que je vous prenne votre bien!

MARA

Qu'il est fier et content! Regardez-le qui ne peut se
tenir de rire!
Allons! ne vous faites point de mal! riez!

Il rit.

Je connais bien votre figure, Jacques.

JACQUES HURY

Vous êtes fâchée de ne pouvoir me faire de la peine.

MARA

Comme l'autre jour pendant que le père parlait,
Riant d'un œil et pleurant sec de l'autre.

JACQUES HURY

Ne suis-je pas maître d'un beau domaine?

MARA

730   Et le père était vieux, n'est-ce pas? Vous savez une
chose ou deux de plus que lui?

JACQUES HURY

À chaque homme son temps.

MARA

C'est vrai, Jacques, vous êtes un grand beau jeune
homme.
Le voilà qui devient tout rouge.

JACQUES HURY

Ne me tourmentez pas.

MARA

Tout de même, c'est dommage !

JACQUES HURY

Qu'est-ce qui est dommage ?

MARA

Adieu, époux de Violaine ! Adieu, maître de Monsanvierge, ah ah !

JACQUES HURY

Je vous ferai voir que je le suis.

MARA

Prenez l'esprit d'ici alors, Brainard de Braine !
740   Il croit que tout est à lui comme un paysan, on vous
fera voir le contraire !
Comme un paysan qui est à lui tout seul ce qu'il y a
de plus haut au milieu de son petit champ tout plat !
Mais Monsanvierge est à Dieu et le maître de
Monsanvierge est l'homme de Dieu, qui n'a rien
À lui, ayant tout reçu pour un autre.
C'est la leçon qu'on nous fait ici de père en enfant. Il
n'y a pas de place plus altière que la nôtre.
745   Prenez l'esprit de vos maîtres, vilain ! vilain !

Fausse sortie.

Ah !
Violaine que j'ai rencontrée
M'a chargée d'un message pour vous.

JACQUES HURY

Que ne le disiez-vous plus tôt ?

MARA

⁷⁵⁰ Elle vous attend près de la fontaine.

SCÈNE III

JACQUES HURY

Ô ma fiancée à travers les branches en fleurs, salut !

Violaine est au dehors, invisible.

Violaine, que vous êtes belle !

VIOLAINE

Jacques ! Bonjour, Jacques !
Ah ! que vous êtes resté longtemps là-bas !

JACQUES HURY

⁷⁵⁵ Il me fallait tout dégager et vendre, me rendre
entièrement libre
Afin d'être l'homme de Monsanvierge seul
Et le vôtre.
— Quel est ce costume merveilleux ?

VIOLAINE

Je l'ai mis pour vous. Je vous en avais parlé. Ne le
reconnaissez-vous pas ?
⁷⁶⁰ C'est le costume des moniales de Monsanvierge, à
peu près, moins le manipule seul, le costume qu'elles
portent au chœur,
La dalmatique du diacre qu'elles ont privilège de
porter, quelque chose du prêtre, elles-mêmes hosties,

Et que les femmes de Combernon ont le droit de
revêtir deux fois :
Premièrement le jour de leurs fiançailles.

Elle entre.

Secondement de leur mort.

JACQUES HURY

765   Il est donc vrai, c'est le jour de nos fiançailles,
Violaine?

VIOLAINE

Jacques, il est encore temps, nous ne sommes pas
mariés encore!
Si vous n'avez voulu que faire plaisir à mon père, il
est temps de vous reprendre encore, c'est de nous qu'il
s'agit. Dites un mot seulement; je ne vous en voudrai
pas, Jacques.
Car il n'y a pas encore de promesses entre nous deux
et je ne sais si je vous plais encore.

JACQUES HURY

Que vous êtes belle, Violaine! Et que ce monde est
beau où vous êtes.
770   Cette part qui m'avait été réservée!

VIOLAINE

C'est vous, Jacques, qui êtes ce qu'il y a de meilleur
au monde.

JACQUES HURY

Est-il vrai que vous acceptez d'être à moi?

VIOLAINE

Oui, c'est vrai, bonjour, mon bien-aimé! Je suis à vous.

JACQUES HURY

Bonjour, ma femme! bonjour, douce Violaine!

VIOLAINE

175   Ce sont des choses bonnes à entendre, Jacques!

JACQUES HURY

Il ne faudra plus jamais cesser d'être là! Dites que vous ne cesserez plus jamais d'être la même et l'ange qui m'est envoyé!

VIOLAINE

À jamais ce qui est à moi cela ne cessera pas d'être vôtre.

JACQUES HURY

Et quant à moi, Violaine...

VIOLAINE

Ne dites rien. Je ne vous demande rien. Vous êtes là et cela me suffit.
780   Bonjour, Jacques!
Ah, que cette heure est belle et je n'en demande point d'autre.

JACQUES HURY

Demain sera plus beau encore!

VIOLAINE

Demain j'aurai quitté le vêtement magnifique.

JACQUES HURY

Mais vous serez si près de moi que je ne vous verrai
plus.

VIOLAINE

785   Bien près de vous en effet !

JACQUES HURY

Mais demain aux yeux de tous je prendrai cette
Reine entre mes bras.

VIOLAINE

Prends-la et ne la laisse pas aller.
Ah prenez votre petite avec vous qu'on ne la
retrouve plus et qu'on ne lui fasse aucun mal !

JACQUES HURY

Et vous ne regretterez point à ce moment le lin et
l'or ?

VIOLAINE

790   Ai-je eu tort de me faire belle pour une pauvre petite
heure ?

JACQUES HURY

Non, mon beau lys, je ne puis me lasser de te
considérer dans ta gloire !

VIOLAINE

Ô Jacques ! dites encore que vous me trouvez belle !

JACQUES HURY

Oui, Violaine !

VIOLAINE

La plus belle de toutes les femmes et les autres ne
sont rien pour vous ?

JACQUES HURY

795   Oui, Violaine !

VIOLAINE

Et que vous m'aimez uniquement comme l'époux le
plus tendre aime le pauvre être qui s'est donné à lui ?

JACQUES HURY

Oui, Violaine.

VIOLAINE

Qui se donne à lui de tout son cœur, Jacques,
croyez-le, et qui ne réserve rien.

JACQUES HURY

Et vous, Violaine, ne me croyez-vous donc pas ?

VIOLAINE

800   Je vous crois, je vous crois, Jacques ! je crois en
vous ! J'ai confiance en vous, mon bien-aimé !

JACQUES HURY

Pourquoi donc cet air d'inquiétude et d'effroi ?
Montrez-moi votre main gauche.

Elle la montre.

Mon anneau n'y est plus.

VIOLAINE

Je vous expliquerai cela tout à l'heure, vous serez
satisfait.

JACQUES HURY

805   Je le suis, Violaine. J'ai foi en vous.

VIOLAINE

Je suis plus qu'un anneau, Jacques. Je suis un grand
trésor.

JACQUES HURY

Voilà que vous doutez de moi encore.

VIOLAINE

Jacques! Après tout je ne fais aucun mal en vous
aimant. C'est la volonté de Dieu et de mon père.
  C'est vous qui avez charge de moi! Et qui sait si
vous ne saurez pas bien me défendre et me préserver?
810   Il suffit que je me donne à vous complètement. Et le
reste est votre affaire et non plus la mienne.

JACQUES HURY

Et c'est ainsi que vous vous êtes donnée à moi, ma
fleur-de-soleil?

VIOLAINE

Oui, Jacques.

JACQUES HURY

Qui donc vous prendra d'entre mes bras?

VIOLAINE

Ah, que le monde est grand et que nous y sommes
seuls !

JACQUES HURY

815   Pauvre enfant ! je sais que votre père est parti.
Et moi aussi je n'ai plus personne avec moi pour me
dire ce qu'il faut faire et ce qui est bien et mal.
Il faudra que vous m'aimiez, Violaine, comme je
vous aime.

VIOLAINE

Mon père m'a abandonnée.

JACQUES HURY

Mais moi, Violaine, je vous reste.

VIOLAINE

820   Ni ma mère ne m'aime, ni ma sœur, bien que je ne
leur aie fait aucun mal.
Et il ne me reste plus que ce grand homme terrible
que je ne connais pas.

> *Il fait le geste de la prendre dans ses bras. Elle
> l'écarte vivement.*

Ne me touchez pas, Jacques !

JACQUES HURY

Suis-je donc un lépreux ?

VIOLAINE

Jacques, je veux vous parler, ah ! que c'est difficile !
825   Ne me manquez point, qui n'ai plus que vous seul[1] !

JACQUES HURY

Qui vous veut aucun mal ?

VIOLAINE

Sachez ce que vous faites en me prenant pour femme !

Laissez-moi vous parler bien humblement, seigneur Jacques

Qui allez recevoir mon âme et mon corps en commande des mains de Dieu et de mon père qui les ont faits.

830 Et sachez la dot que je vous apporte qui n'est point celle des autres femmes,

Mais cette sainte montagne en prière jour et nuit devant Dieu, comme un autel toujours fumant,

Et cette lampe toujours allumée dont notre charge est de nourrir l'huile.

Et témoin n'est à notre mariage aucun homme, mais ce Seigneur dont nous tenons seul le fief,

Qui est le Tout-Puissant, le Dieu des Armées.

835 Et ce n'est point le soleil de Juillet qui nous éclaire, mais la lumière même de Sa face.

JACQUES HURY

Violaine, non, je ne suis clerc, ni moine, ni béat[1].

Je ne suis pas le tourier[2] et le convers[3] de Monsanvierge.

J'ai une charge et je la remplirai

Qui est de nourrir ces oiseaux murmurants

840 Et de remplir ce panier qu'on descend du ciel chaque matin.

C'est écrit. C'est bien.

J'ai bien compris cela et me le suis mis dans la tête,
et il ne faut pas m'en demander davantage.

Il ne faut pas me demander de comprendre ce qui
est par-dessus moi et pourquoi ces saintes femmes se
sont murées là-haut dans ce pigeonnier.

Aux célestes le ciel, et la terre aux terrestres.

845   Car le blé ne pousse pas tout seul et il faut un bon
laboureur à celui d'ici.

Et cela, je peux dire sans me vanter que je le suis, et
personne ne m'apprendra rien, ni votre père lui-même
peut-être.

Car il était ancien et attaché à ses idées.

À chacun sa place, en cela est la justice.

Et votre père en vous donnant à moi

850   Ensemble avec Monsanvierge, a su ce qu'il faisait et
cela était juste.

VIOLAINE

Mais moi, Jacques, je ne vous aime pas parce que
cela est juste.

Et même si cela ne l'était pas, je vous aimerais
encore et plus.

JACQUES HURY

Je ne vous comprends pas, Violaine.

VIOLAINE

Jacques, ne me forcez pas à parler! Vous m'aimez
tant et je ne puis vous faire que du mal.

855   Laissez-moi! il ne peut y avoir de justice entre nous
deux! mais la foi seulement et la charité. Éloignez-
vous de moi quand il est encore temps.

JACQUES HURY

Je ne comprends pas, Violaine.

VIOLAINE

Mon bien-aimé, ne me forcez pas à vous dire mon grand secret.

JACQUES HURY

Un grand secret, Violaine?

VIOLAINE

Si grand que tout est consommé et vous ne demanderez pas de m'épouser davantage.

JACQUES HURY

860 Je ne vous comprends pas.

VIOLAINE

Ne suis-je pas assez belle en ce moment, Jacques? Que me demandez-vous encore?

Que demande-t-on d'une fleur

Sinon qu'elle soit belle et odorante une minute, pauvre fleur, et après ce sera fini.

La fleur est courte, mais la joie qu'elle a donnée une minute

865 N'est pas de ces choses qui ont commencement ou fin.

Ne suis-je pas assez belle? Manque-t-il quelque chose? Ah! je vois tes yeux, mon bien-aimé! est-ce qu'il y a rien en toi qui en ce moment ne m'aime et qui doute de moi?

Est-ce que mon âme n'est pas assez? prends-la et je

suis encore ici et aspire-la jusques aux racines qui est à toi !

Il suffit d'un moment pour mourir, et la mort même l'un dans l'autre

Ne nous anéantira pas plus que l'amour, et est-ce qu'il y a besoin de vivre quand on est mort ?

870   Que veux-tu faire de moi davantage ? fuis, éloigne-toi ! Pourquoi veux-tu m'épouser ? pourquoi veux-tu

Prendre pour toi ce qui est à Dieu seul ?

La main de Dieu est sur moi et tu ne peux me défendre !

Ô Jacques, nous ne serons pas mari et femme en ce monde !

JACQUES HURY

Violaine, quelles sont ces paroles étranges, si tendres, si amères ? par quels sentiers insidieux et funestes me conduisez-vous ?

875   Je crois que vous voulez m'éprouver et vous jouer de moi qui suis un homme simple et rude.

Ah, Violaine, que vous êtes belle ainsi ! et cependant j'ai peur et je vous vois dans ce vêtement qui m'effraie !

Car ce n'est point la parure d'une femme, mais le vêtement du Sacrificateur à l'autel,

De celui qui aide le prêtre, laissant le flanc découvert et les bras libres !

Ah ! je le vois, c'est l'esprit de Monsanvierge qui vit en vous et la fleur suprême au-dehors de ce jardin scellé !

880   Ah ! ne tourne pas vers moi ce visage qui n'est plus de ce monde ! ce n'est plus ma chère Violaine.

Assez d'anges servent la messe au ciel !

Ayez pitié de moi qui suis un homme sans ailes et je

me réjouissais de ce compagnon que Dieu m'avait
donné, et que je l'entendrais soupirer, la tête sur mon
épaule !

Doux oiseau ! le ciel est beau, mais c'est une belle
chose aussi que d'être pris !

Et le ciel est beau ! mais c'est une belle chose aussi et
digne de Dieu même, un cœur d'homme que l'on
remplit sans en rien laisser vide.

Ne me damnez pas par la privation de votre visage !

Et sans doute que je suis un homme sans lumière et
sans beauté

Mais je vous aime, mon ange, ma reine, ma chérie !

VIOLAINE

Ainsi je vous ai vainement averti et vous voulez me
prendre pour femme, et vous ne vous laisserez pas
écarter de votre dessein ?

JACQUES HURY

Oui, Violaine.

VIOLAINE

Qui a pris une épouse, ils ne sont plus qu'une âme
en une seule chair et rien ne les séparera plus.

JACQUES HURY

Oui, Violaine.

VIOLAINE

Vous le voulez !

Il ne convient donc plus que je réserve rien et que je
garde pour moi davantage

Ce grand, cet ineffable secret.

JACQUES HURY

895 Encore, ce secret, Violaine?

VIOLAINE

Si grand, Jacques, en vérité
Que votre cœur en sera rassasié,
Et que vous ne me demanderez plus rien,
Et que nous ne serons plus jamais arrachés l'un à
l'autre.
900 Une communication si profonde
Que la vie, Jacques, ni l'enfer, ni le ciel même
Ne la feront plus cesser, ni ne feront cesser à jamais ce
Moment où je vous l'ai révélé dans la
Fournaise de ce terrible soleil ici présent qui nous
empêchait presque de nous voir le visage!

JACQUES HURY

905 Parle donc!

VIOLAINE

Mais dites-moi d'abord une fois encore que vous
m'aimez.

JACQUES HURY

Je vous aime!

VIOLAINE

Et que je suis votre dame et votre seul amour?

JACQUES HURY

Ma dame, mon seul amour.

VIOLAINE

910 Connais le feu dont je suis dévorée !
Connais-la donc, cette chair que tu as tant aimée !
Venez plus près de moi.

Mouvement.

Plus près ! plus près encore ! tout contre mon côté.
Asseyez-vous sur ce banc.

Silence.

Et donnez-moi votre couteau.

> *Il lui donne son couteau. Elle fait une incision
> dans l'étoffe de lin sur son flanc, à la place qui est
> sur le cœur et sous le sein gauche, et, penchée sur
> lui, des mains écartant l'ouverture, elle lui montre
> sa chair où la première tache de lèpre apparaît.
> Silence.*

JACQUES HURY, *détournant un peu le visage.*

915 Donnez-moi le couteau.
Violaine, je ne me suis pas trompé ? Quelle est cette
fleur d'argent dont votre chair est blasonnée ?

VIOLAINE

Vous ne vous êtes pas trompé.

JACQUES HURY

C'est le mal ? c'est le mal, Violaine ?

VIOLAINE

Oui, Jacques.

JACQUES HURY

La lèpre !

VIOLAINE

920   Certes vous êtes difficile à convaincre.
Et il vous faut avoir vu pour croire.

JACQUES HURY

Et quelle est la lèpre la plus hideuse,
Celle de l'âme ou celle sur le corps ?

VIOLAINE

Je ne puis rien dire de l'autre. Je ne connais que celle
du corps qui est un mal assez grand.

JACQUES HURY

Non, tu ne connais pas l'autre, réprouvée ?

VIOLAINE

925   Je ne suis pas une réprouvée.

JACQUES HURY

Infâme, réprouvée,
Réprouvée dans ton âme et dans ta chair !

VIOLAINE

Ainsi, vous ne demandez plus à m'épouser, Jacques ?

JACQUES HURY

Ne te moque point, fille du diable !

VIOLAINE

930   Tel est ce grand amour que vous aviez pour moi.

JACQUES HURY

Tel est ce lys que j'avais élu.

VIOLAINE

Tel est l'homme qui est à la place de mon père.

JACQUES HURY

Tel est l'ange que Dieu m'avait envoyé.

VIOLAINE

« Ah, qui nous arrachera l'un à l'autre ? Je t'aime,
Jacques, et tu me défendras, et je sais que je n'ai rien à
craindre entre tes bras. »

JACQUES HURY

935   Ne te moque point avec ces paroles affreuses !

VIOLAINE

Dis,
Ai-je manqué à ma parole ? Mon âme ne te suffisait
point ? As-tu assez de ma chair à présent ?
    Oublieras-tu ta Violaine désormais et ce cœur
qu'elle t'a révélé ?

JACQUES HURY

Éloigne-toi de moi !

VIOLAINE

940   Va, je suis assez loin, Jacques, et tu n'as rien à
craindre.

JACQUES HURY

Oui, oui,
Plus loin que tu ne l'as été de ton porc ladre !
Ce faiseur d'os à la viande gâtée.

VIOLAINE

C'est de Pierre de Craon que vous parlez ?

JACQUES HURY

945   C'est de lui que je parle, que vous avez baisé sur la
bouche.

VIOLAINE

Et qui vous a raconté cela ?

JACQUES HURY

Mara vous a vus de ses yeux.
Et elle m'a tout dit, comme c'était son devoir,
Et moi, misérable, je ne la croyais pas !
950   Allons, dis-le ! mais dis-le donc ! c'est vrai ? dis que
c'est vrai !

VIOLAINE

C'est vrai, Jacques.
Mara dit toujours la vérité.

JACQUES HURY

Et il est vrai que vous l'avez embrassé sur le visage ?

VIOLAINE

C'est vrai.

JACQUES HURY

955 Ô damnée ! les flammes de l'enfer ont-elles tant de
goût que vous les ayez ainsi convoitées toute vivante ?

VIOLAINE, *très bas.*

Non point damnée.
Mais douce, douce Violaine ! douce, douce Violaine !

JACQUES HURY

Et vous ne niez point que cet homme ne vous ait eue
et possédée ?

VIOLAINE

Je ne nie rien, Jacques.

JACQUES HURY

960 Mais je t'aime encore, Violaine ! Ah, cela est trop
cruel ! Dis quelque chose, si tu as rien à dire, et je le
croirai ! Parle, je t'en supplie ! dis-moi que cela n'est
pas vrai !

VIOLAINE

Je ne puis pas devenir toute noire en un instant,
Jacques, mais dans quelques mois déjà, quelques mois
encore,
Vous ne me reconnaîtrez plus.

JACQUES HURY

Dites-moi que tout cela n'est pas vrai.

VIOLAINE

Mara dit toujours la vérité et cette fleur aussi sur
moi que vous avez vue.

JACQUES HURY

965 Adieu, Violaine!

VIOLAINE

Adieu, Jacques.

JACQUES HURY

Dites, qu'allez-vous faire, misérable?

VIOLAINE

Quitter ces vêtements. Quitter cette maison. Accomplir la loi. Me montrer au prêtre. Gagner...

JACQUES HURY

Eh bien?

VIOLAINE

970 ... Le lieu qui est réservé aux gens de mon espèce. La ladrerie[1] là-bas du Géyn.

JACQUES HURY

Quand cela?

VIOLAINE

Aujourd'hui. Ce soir même.

Long silence.

Il n'y a pas autre chose à faire.

JACQUES HURY

975 Il faut éviter le scandale.
Allez vous dévêtir et prendre une robe de voyage, et je vous dirai ce qu'il est convenable de faire.

Ils sortent.

SCÈNE IV

Toute cette scène peut être jouée de telle façon que le public ne voie que les gestes et n'entende pas les paroles.

MARA, *entrant vivement.*

Ils viennent ici. Je pense que le mariage est rompu.
M'entends-tu?
Tais-toi,
Et ne va pas' rien dire.

LA MÈRE

980 Comment?
Ô méchante! vilaine! tu as obtenu ce que tu voulais!

MARA

Laisse faire. Ce n'est qu'un moment. D'aucune façon
Ça ne se serait fait. Puisque c'est moi donc
Qu'il doit épouser et non pas elle. Cela sera mieux pour elle mêmement. Il faut que cela soit ainsi. Entends-tu?
985 Tais-toi!

LA MÈRE

Qui t'a dit cela?

MARA

Est-ce que j'ai besoin qu'on me dise quelque chose?
J'ai tout vu en plein dans leurs figures. Je les ai chopés tout chauds. J'ai tout débrouillé en rien-temps.
Et Jacques, le pauvre homme, il me fait pitié.

LA MÈRE

J'ai regret de ce que j'ai dit !

MARA

Tu n'as rien dit, tu ne sais rien, tais-toi !

Et s'ils te disent quelque chose, n'importe quoi qu'ils te racontent,

990 Dis comme eux, fais ce qu'ils voudront. Il n'y a plus rien à faire.

LA MÈRE

J'espère que tout est pour le mieux.

SCÈNE V

Entrent Jacques Hury, puis Violaine tout en noir, habillée comme pour un voyage.

LA MÈRE

Qu'est-ce qu'il y a, Jacques ? Qu'est-ce qu'il y a, Violaine ?

Pourquoi est-ce que tu as mis ce costume comme si tu allais partir ?

VIOLAINE

Je vais partir aussi.

LA MÈRE

995 Partir ? partir toi aussi ?

Jacques ! que s'est-il passé entre vous ?

JACQUES HURY

Il ne s'est rien passé.

Mais vous savez que je suis allé voir ma mère à Braine et j'en reviens à l'heure même.

LA MÈRE

Eh bien?

JACQUES HURY

1000 Vous savez qu'elle est vieille et infirme
Elle dit qu'elle veut voir et bénir
Sa bru avant de mourir.

LA MÈRE

Ne peut-elle attendre le mariage?

JACQUES HURY

Elle est malade, elle ne peut attendre.
1005 Et ce temps de la moisson aussi où il y a tant à faire,
N'est pas celui de se marier.
Nous avons causé de cela tout à l'heure, Violaine et moi, tout à l'heure bien gentiment,
Et nous avons décidé qu'il était préférable d'attendre
L'automne.
1010 Jusque-là elle sera à Braine chez ma mère.

LA MÈRE

C'est toi qui le veux ainsi, Violaine?

VIOLAINE

Oui, mère.

LA MÈRE

Mais quoi! est-ce que tu veux partir aujourd'hui même?

VIOLAINE

Ce soir même.

JACQUES HURY

1015 C'est moi qui l'accompagnerai.
Le temps presse et l'ouvrage aussi en ce mois de foin et de moisson. Je ne suis déjà resté que trop longtemps absent.

LA MÈRE

Reste, Violaine! Ne t'en va pas de chez nous, toi aussi!

VIOLAINE

Ce n'est que pour un peu de temps, mère!

LA MÈRE

Un peu de temps, tu le promets?

JACQUES HURY

1020 Un peu de temps, et quand viendra l'automne,
La voici avec nous de nouveau, pour ne plus nous quitter.

LA MÈRE

Ah, Jacques! pourquoi la laissez-vous partir?

JACQUES HURY

Croyez-vous que cela ne me soit pas dur?

MARA

Mère, ce qu'ils disent tous les deux est raisonnable.

LA MÈRE

1025   Il est dur de voir mon enfant me quitter.

VIOLAINE

Ne soyez pas triste, mère!

Qu'importe que nous attendions quelques jours? Ce n'est qu'un peu de temps à passer.

Ne suis-je pas sûre de votre affection? et de celle de Mara? et de celle de Jacques, mon fiancé?

Jacques, n'est-ce pas? Il est à moi comme je suis à lui et rien ne peut nous séparer! Regardez-moi, cher Jacques. Voyez-le qui pleure de me voir partir!

1030   Ce n'est point le moment de pleurer, mère! ne suis-je pas jeune et belle, et aimée de tous?

Mon père est parti, il est vrai, mais il m'a laissé l'époux le plus tendre, l'ami qui jamais ne m'abandonnera.

Ce n'est donc point le moment de pleurer, mais de se réjouir. Ah, chère mère, que la vie est belle et que je suis heureuse!

MARA

Et vous, Jacques, que dites-vous? Vous n'avez pas un air joyeux.

JACQUES HURY

N'est-il pas naturel que je sois triste?

MARA

1035   Sus! ce n'est qu'une séparation de quelques mois.

JACQUES HURY

Trop longue pour mon cœur.

MARA

Écoute, Violaine, comme il a bien dit ça!

Eh quoi, ma sœur, si triste vous aussi? Souriez-moi de cette bouche charmante! Levez ces yeux bleus que notre père aimait tant. Voyez, Jacques! Regardez votre femme, qu'elle est belle quand elle sourit!

On ne vous la prendra pas! qui serait triste quand il a pour éclairer sa maison ce petit soleil?

1040   Aimez-nous-la bien, méchant homme! Dites-lui de prendre courage.

JACQUES HURY

Courage, Violaine!

Vous ne m'avez pas perdu, nous ne sommes pas perdus l'un pour l'autre!

Voyez que je ne doute pas de votre amour, est-ce que vous doutez du mien davantage?

Est-ce que je doute de vous, Violaine? est-ce que je ne vous aime pas, Violaine? Est-ce que je ne suis pas sûr de vous,

1045   Violaine?

J'ai parlé de vous à ma mère, songez qu'elle est si heureuse de vous voir.

Il est dur de quitter la maison de vos parents. Mais où vous serez vous aurez un abri sûr et que nul n'enfreindra.

Ni votre amour, ni votre innocence, chère Violaine, n'ont à craindre.

LA MÈRE

Ce sont des paroles bien aimables.

1050 Et cependant il y a en elles, et dans celles que tu
viens de me dire, mon enfant,

Je ne sais quoi d'étrange et qui ne me plaît pas.

MARA

Je ne vois rien d'étrange, ma mère.

LA MÈRE

Violaine ! si je t'ai fait de la peine tout à l'heure, mon
enfant,

Oublie ce que je t'ai dit.

VIOLAINE

1055 Vous ne m'avez point fait de peine.

LA MÈRE

Laisse-moi donc t'embrasser.

Elle lui ouvre les bras.

VIOLAINE

Non, mère.

LA MÈRE

Eh quoi ?

VIOLAINE

Non.

MARA

1060 Violaine, c'est mal ! as-tu peur que nous te tou-
chions ? pourquoi nous traites-tu ainsi comme des
lépreux ?

VIOLAINE

J'ai fait un vœu.

MARA

Quel vœu?

VIOLAINE

Que nul ne me touche.

MARA

Jusqu'à ton retour ici?

Silence. Elle baisse la tête.

JACQUES HURY

1065 Laissez-la. Vous voyez qu'elle a de la peine.

LA MÈRE

Éloignez-vous un instant.

Ils s'éloignent.

Adieu, Violaine!

Tu ne me tromperas pas, mon enfant, tu ne tromperas pas la mère qui t'a faite.

Ce que je t'ai dit est dur, mais vois moi qui ai bien de la peine, qui suis vieille.

1070 Toi, tu es jeune et tu oublieras.

Mon homme est parti et voici mon enfant qui se détourne de moi.

La peine qu'on a n'est rien, mais celle qu'on a faite aux autres

Empêche de manger son pain.

Songe à cela, mon agneau sacrifié, et dis-toi : Ainsi je n'ai fait de la peine à personne.

Je t'ai conseillé ce que j'ai cru le meilleur ! ne m'en
veuille pas, Violaine, sauve ta sœur, est-ce qu'il faut la
laisser se perdre ?

Et voici le bon Dieu avec toi qui est ta récompense.

C'est tout. Tu ne reverras plus ma vieille figure. Que
Dieu soit avec toi !

Et tu ne veux pas m'embrasser, mais je puis au
moins te bénir, douce, douce Violaine !

VIOLAINE

Oui, mère ! oui, mère !

> *Elle s'agenouille, et la Mère fait le signe de la
> croix au-dessus d'elle.*

JACQUES HURY, *revenant.*

Venez, Violaine, il est temps.

MARA

Va et prie pour nous.

VIOLAINE, *criant.*

Je te donne mes robes, Mara, et toutes mes affaires !
N'aie pas peur, tu sais que je n'y ai pas touché.
Je ne suis pas entrée dans cette chambre.
— Ah, ah ! ma pauvre robe de mariée qui était si
jolie !

> *Elle écarte les bras comme pour chercher un
> appui. Tous demeurent éloignés d'elle. Elle sort
> en chancelant suivie de Jacques.*

ACTE III

SCÈNE PREMIÈRE

Le pays de Chevoche. La veille de Noël. Des paysans, hommes, femmes et enfants, sont au travail dans la forêt. Au milieu, un feu au-dessus duquel est suspendue une marmite.

De chaque côté de la scène deux espèces de colosses faits de fagots, avec une collerette et une souquenille de toile blanche, ayant une croix rouge sur la poitrine, un tonneau pour tête dont les bords sont découpés en dents de scie comme pour faire une couronne, avec une sorte de visage grossièrement peint en rouge ; une longue trompette s'adapte à la bonde, maintenue par une planche comme par un bras.

Tombée du jour. Neige par terre et ciel de neige.

LE MAIRE DE CHEVOCHE

Voilà. Le Roi peut venir.

UN OUVRIER

I peut venir à c't'heure. Nous ons bin fait not' part.

LE MAIRE DE CHEVOCHE, *regardant avec satisfaction.*

C'est moult beau ! Aussi que tout le monde s'y est

mis, tant qu'y en a, les hommes, les femmes et les tiots enfants.

Et que c'était la plus sale partie avec toutes ces mauvaisetés et ces éronces, et le marais.

1090   C'est pas les malins de Bruyères [1] qui nous ont fait la barbe.

UN OUVRIER

C'est leu t' chemin qu'en a, de la barbe, et des dents 'core avec tous ces chicots, qu'ils ont laissés !

Ils rient.

L'APPRENTI, *pédantesquement, d'une voix affreusement aigre et glapissante :.*

Vox clamantis in deserto : Parate vias Domini et erunt prava in directa et aspera in vias planas [2].

— C'est vrai que vous avez bien travaillé. Je vous félicite, bonne gens. C'est comme le chemin de la Fête-Dieu [3].

(Montrant les Géants.) Et quelles sont, Messieurs, ces deux belles et révérendes personnes ?

UN OUVRIER

1095   Sont-i pas bin beaux ? C'est l'pé Vincent, le vieil ivrogne, qu'les a faits.

I dit qu'c'est le grand Roi d'Abyssinie et sa femme Bellotte.

Il lui envoie un baiser.

L'APPRENTI

Pour moi je croyais que c'était Gog et Magog [4].

LE MAIRE DE CHEVOCHE

C'est les deux Anges de Chevoche qui viennent saluer le Roi leur sire.

On y boutera le feu quand i passera.

1100   — Écoutez !

Ils écoutent tous.

UN OUVRIER

Oh ! non, ce n'est pas encore lui. On entendrait les cloches de Bruyères sonner.

UN AUTRE

I ne sera pas ici avant minuit. Il a soupé à Fisme.

UN AUTRE

On s'ra bien ici pour voir. Je n'bouge mie.

UN AUTRE

T'as à manger, Perrot ? J'ai pu qu'un morceau de pain qu'est tout gelé.

LE MAIRE

1105   N'aie pas peur. Y a un quartier de porc dans la marmite ; et des crépinettes, et le chevreuil qu'on a tué ;

Et trois aunes de boudin, et des pommes, et un bon petit tonneau de vin de la Marne.

L'APPRENTI

Je reste avec vous.

UNE FEMME

Et qu'v'là un bon petit Noël.

L'APPRENTI

C'est le jour de Noël que le roi Clovis fut à Rheims baptisé.

UNE AUTRE FEMME

1110 C'est le jour de Noël que not' roi Charles [1] revient se faire sacrer.

UNE AUTRE

C'est une simple fille, de Dieu envoyée,
Qui le ramène à son foyer.

UNE AUTRE

Jeanne, qu'on l'appelle.

UNE AUTRE

La Pucelle !

UNE AUTRE

Qu'est née la nuit de l'Épiphanie [2].

UNE AUTRE

1115 Qui a chassé les Anglais d'Orléans qu'ils assiégeaient !

UN AUTRE

Et qui va les chasser de France mêmement tretous !
Ainsi soit-il !

UN AUTRE, *fredonnant.*

Noël ! Ki Ki Ki Ki Ki Noël ! Noël nouvelet ! Rrr ! qu'il fait froué !

Il se serre dans son manteau.

UNE FEMME

Faut bin regarder si qu'y aura un petit homme tout
en rouge près du Roi. C'est elle.

UNE AUTRE

Sur un grand cheval noir.

LA PREMIÈRE

1120   Y a six mois qu'elle gardait les vaches encore ed son
pé.

UNE AUTRE

Et maintenant elle tient une bannière où qu'y a
Jésus en écrit.

UN OUVRIER

Et qu'les Anglais se sauvent devant comme souris.

UN AUTRE

Gare aux mauvais Bourguignons [1] de Saponay !

UN AUTRE

I seront tous à Rheims au petit matin.

UN AUTRE

1125   Quoi qu'i font les ceusses ed là-bas ?

L'APPRENTI

Les deux cloches de la Cathédrale, Baudon et
Baude,
Commencent à sonner au *Gloria* [2] de Minuit, et
jusqu'à l'arrivée des Français elles ne cesseront plus de
badonguer.

Tout le monde garde chez lui une cire allumée jusqu'au matin.

On attend que le Roi soit là pour la messe de l'Aurore qui est *Lux fulgebit*[1].

1130 Tout le clergé ira à sa rencontre, trois cents prêtres avec l'Archevêque en chapes d'or, et les réguliers[2], et le Maire, et la commune.

Ça sera bien beau sur la neige sous le soleil clair et gaillard et tout le peuple chantant Noël !

Et l'on dit que le Roi veut descendre de son cheval et entrer dans sa bonne ville sur un âne, comme Notre-Seigneur[3].

LE MAIRE

Comment donc que vous n'êtes pas resté là-bas ?

L'APPRENTI

C'est maître Pierre de Craon qui m'a envoyé chercher du sable.

LE MAIRE

1135 Quoi ! c'est à cela qu'il s'occupe en ce moment ?

L'APPRENTI

Il dit que le temps est court.

LE MAIRE

Mais à quoi mieux l'employer qu'à faire cette route, comme nous autres ?

L'APPRENTI

Il dit que son métier n'est pas de faire des routes pour le Roi, mais une demeure pour Dieu.

LE MAIRE

À quoi sert Rheims, si le Roi n'y peut aller ?

L'APPRENTI

1140   À quoi la route, s'il n'y a pas d'église au bout ?

LE MAIRE

Ce n'est pas un bon Français...

L'APPRENTI

Il dit qu'il ne sait rien que son métier. Celui qui
parle politique chez nous, on lui noircit le nez avec le
cul de la poêle.

LE MAIRE

Il n'a pu même venir à bout de sa Justice depuis dix
ans qu'on y travaille.

L'APPRENTI

Si fait ! toute la pierre est finie et la charpente est
posée ; il n'y a plus que la flèche qui n'a pas encore fini
de pousser.

LE MAIRE

1145   On dit qu'il est lépreux.

L'APPRENTI

Ce n'est pas vrai ! Je l'ai vu tout nu l'été dernier qui
se baignait dans l'Aisne à Soissons. Je peux le dire !
Il a la chair saine comme celle d'un enfant.

LE MAIRE

C'est drôle tout de même. Pourquoi qu'i s'a tenu caché si longtemps ?

L'APPRENTI

C'est un mensonge !

LE MAIRE

1150 Je sais, je suis plus vieux que vous. Faut pas vous fâcher, petit homme. Ça ne fait rien qu'i soit malade ed son corps.

C'est pas d'son corps qu'i travaille.

L'APPRENTI

Faudrait pas qu'il vous entende dire ça ! Je me rappelle comment il a puni l'un de nous qui restait tout le temps dans son coin à dessiner :

Il l'a envoyé toute la journée sur les échafauds avec les maçons pour les servir et leur passer leurs auges et leurs pierres,

Disant qu'au bout de la journée, il saurait deux choses ainsi mieux que par règle et par dessin : le poids qu'un homme peut porter et la hauteur de son corps.

1155 Et de même que la grâce de Dieu multiplie chacune de nos bonnes actions,

C'est ainsi qu'il nous a enseigné ce qu'il appelle « le Sicle [1] du Temple », et cette demeure de Dieu dont chaque homme qui fait ce qu'il peut

Avec son corps est comme un fondement secret ;

Ce que sont le pouce et la main et la coudée de notre envergure et le bras étendu et le cercle que l'on fait avec,

Et le pied et le pas ;

1160   Et comment rien de tout cela n'est le même jamais.

Croyez-vous que le corps fût indifférent au père Noé quand il fit l'arche ? est-ce qu'il est indifférent,

Le nombre de pas qu'il y a de la porte à l'autel, et la hauteur à laquelle il est permis à l'œil de s'élever, et le nombre d'âmes que les deux côtés de l'Église contiennent réservées ?

Car l'artiste païen faisait tout du dehors, et nous faisons tout de par dedans comme les abeilles,

Et comme l'âme fait pour le corps : rien n'est inerte, tout vit,

1165   Tout est *action* de grâces.

LE MAIRE

Le petit homme parle bien.

UN OUVRIER

Écoutez-le comme une agache tout plein des paroles de son maître.

L'APPRENTI

Parlez avec respect de Pierre de Craon !

LE MAIRE

C'est vrai qu'il est bourgeois de Rheims et on l'appelle le Maître du Compas,

1170   Comme autrefois on appelait Messire Loys Le Maître de la Règle.

UN AUTRE

Jette du bois dans le feu, Perrot, v'là qu'i commence à neiger.

*En effet. — La nuit est complètement venue.
— Entre Mara en noir, portant une espèce de
paquet sous son manteau.*

MARA

C'est ici les gens de Chevoche?

LE MAIRE

C'est nous.

MARA

1175 Loué soit Jésus-Christ.

LE MAIRE

Ainsi soit-il!

MARA

C'est chez vous qu'est la logette du Géyn?

LE MAIRE

Où qu'habite la lépreuse?

MARA

Oui.

LE MAIRE

1180 C'est pas chez nous tout à fait, mais jouxtant.

UN AUTRE

Vous voulez voir la lépreuse?

MARA

Oui.

L'HOMME

On ne peut pas la voir ; elle a toujours un voile sur le voult [1] comme c'est ordonné.

UN AUTRE

Et bien ordonné ! c'est pas moi qui ai envie de la regarder.

MARA

1185   Voilà longtemps que vous l'avez ?

L'HOMME

Huit ans t'à l'heure, et on voudrait bin ne pas l'avoir.

MARA

Est-ce qu'elle a fait du mal à personne ?

L'HOMME

Non, mais tout de même c'est enguignant à avoir près de chez soi, c'te varmine de gens.

LE MAIRE

Et puis c'est la commune qui la nourrit.

MARA

1190   Elle vit toute seule ainsi, dans les bois comme une bête ?

L'HOMME A

Tiens dites donc vous, vous êtes bonne ! A n'aurait qu'à vous ficher la maladie !

L'HOMME B

Il y a le prêtre qui va lui dire la messe de temps en temps.

L'HOMME C

Mais pas de danger qu'il entre, vous pensez ! On lui a fait dehors une espèce... Comment qu'on dit ?... une espèce de pipitre.

L'APPRENTI

Un échafaud.

L'HOMME C

1195 C'est ça, un échafaud. Elle s'en sert pour dire la messe aux bêtes fausses !

MARA

Qu'est-ce qu'il dit ?

UNE FEMME

C'est raide tout droit la vérité, comme on vous le dit elle prêche aux chevreuils et aux lapins au clair de lune.

C'est not' Thibaud la misère qui l'a vue un jour la nuit qui revenait de la fête à Coincy [1].

UNE AUTRE FEMME

Tous les lapins qu'i disait qui étaient assis bien honnêtement tous en rond sur leurs petits derrières pour l'écouter.

UNE AUTRE FEMME

1200 C'est le renard qu'était le Suisse et le grand loup blanc qu'était le marguillier.

L'HOMME B

C'est agréable d'avoir ça dans la commune !

LE MAIRE

La commune qu'est chargée de la nourrir par-dessus le marché.

L'HOMME A

Tiens ! même qu'on a oublié de lui porter à manger depuis trois jours avec c't'affaire ed la route.

UNE FEMME

Et quoi que vous y voulez à c'te femme ?

> *Mara ne répond pas et reste debout, regardant le feu.*

UNE FEMME

1205   C'est comme qui dirait un enfant que vous t'nez dans les bras ?

UNE AUTRE

I fait bin froid pour promener les tiots enfants à c't'heure.

MARA

Il n'a pas froid.

> *Silence. On entend dans la nuit sous les arbres le bruit d'une cliquette de bois.*

UNE VIEILLE FEMME

Tenez ! la v'là justement ! v'là sa clique ! Sainte Vierge ! qué dommage qu'a soit pas morte !

UNE FEMME

A vient demander son manger. Pas de danger qu'elle oublie !

UN HOMME

1210 Qué malheur d'nourrir c'te varmine.

UN AUTRE

J'tez-lui quéqu'chose. Faut pas qu'elle approche de nous. A n'aurait qu'à nous donner le poison.

UN AUTRE

Pas de viande, Perrot ! C'est maigre, c'est la veille de Noël !

Ils rient.

Jette-lui ce michon de pain qu'est gelé. C'est bin assez pour elle.

L'HOMME, *criant.*

Hé, Sans-figure ! Hé, Jeanne, que je dis ! hé là, la d'vourée [1] !

On voit la forme noire de la Lépreuse sur la neige. Mara la regarde.

1215 Attrape !

Il lui jette à toute volée un morceau de pain. Elle se baisse et le ramasse, puis s'éloigne. Mara se met en marche pour la suivre.

UN HOMME

Où qu'elle va ?

UN AUTRE

Eh bin la femme ! holà ! où que vous allez, quoi que vous faites ?

> *Elles s'éloignent.*

> *Le rideau se baisse un moment. Violaine voilée et manœuvrant la cliquette passe sur le devant de la scène, suivie de Mara.*

SCÈNE II

Pour le décor on se sert de celui des autres actes où l'on a supprimé les escaliers. Dans la baie du haut on a mis une cloche, dans celle du bas une espèce de statue mutilée.

En avant, une espèce d'estrade assez large à laquelle on accède par deux ou trois marches surmontées par une grande croix de bois à laquelle est adossé un siège.

En avant aussi, un pupitre surmonté d'une lampe accrochée à une potence.

VIOLAINE

Qui est ici,

Qui n'a pas craint d'unir ses pas à ceux de la lépreuse ?

1220   Et sachez que son voisinage est un danger et son haleine pernicieuse.

MARA

C'est moi, Violaine.

VIOLAINE

Ô voix depuis longtemps inentendue ! Est-ce vous, ma mère ?

MARA

C'est moi, Violaine.

VIOLAINE

C'est votre voix et une autre.
225   Laissez-moi allumer ce feu, car il fait très froid.
Et cette torche aussi.

> *Elle allume un feu de tourbe et de bruyère, au moyen de braises conservées dans un pot, puis la torche.*

MARA

C'est moi, Violaine, Mara, ta sœur.

VIOLAINE

Chère sœur, salut! Que c'est bien d'être venue!
Mais ne me crains-tu point?

MARA

230   Je ne crains rien au monde.

VIOLAINE

Que ta voix est devenue semblable à celle de
Maman!

MARA

Violaine, notre chère mère n'est plus.

> *Silence.*

VIOLAINE

La pièce de toile qu'elle avait tissée de ses mains
pour lui servir de linceul...

MARA

N'aie pas peur, on s'en est servi.

VIOLAINE

1235   Pauvre Maman! Dieu ait son âme!

MARA

Et le père n'est pas revenu encore.

VIOLAINE

Et vous deux?

MARA

Cela va bien.

VIOLAINE

Tout va comme vous le voulez à la maison?

MARA

1240   Tout va bien.

VIOLAINE

Je sais qu'il ne peut en être autrement
Avec Jacques et toi.

MARA

Tu verrais ce que nous avons fait! Nous avons trois
charrues de plus. Tu ne reconnaîtrais pas Combernon.
Et nous allons abattre ces vieux murs,
1245   Maintenant que le Roi est revenu.

VIOLAINE

Et vous êtes heureux ensemble, Mara?

MARA

Oui. Nous sommes heureux. Il m'aime
Comme je l'aime.

VIOLAINE

Loué soit Dieu.

MARA

Violaine!
1250 Tu ne vois pas ce que je tiens entre mes bras?

VIOLAINE

Je ne vois pas.

MARA

Lève donc ce voile.

VIOLAINE

J'en ai sous celui-là un autre.

MARA

1255 Tu ne vois plus?

VIOLAINE

Je n'ai plus d'yeux.
L'âme seule tient dans le corps péri.

MARA

Aveugle!
Comment donc marches-tu si droit?

VIOLAINE

1260 J'entends.

MARA

Qu'entends-tu ?

VIOLAINE

Les choses exister avec moi.

MARA, *profondément*.

Et moi, Violaine, m'entends-tu ?

VIOLAINE

Dieu m'a donné l'intelligence.
1265 Qui est avec nous tous en même temps.

MARA

M'entends-tu, Violaine ?

VIOLAINE

Ah, pauvre Mara !

MARA

M'entends-tu, Violaine ?

VIOLAINE

Que veux-tu de moi, chère sœur ?

MARA

1270 Louer ce Dieu avec toi qui t'a faite pestiférée.

VIOLAINE

Louons-Le donc, en cette veille de sa Nativité.

MARA

Il est facile d'être une sainte quand la lèpre nous sert
d'appoint [1].

VIOLAINE

Je ne sais, ne l'étant point.

MARA

Il faut bien se tourner vers Dieu quand le reste n'est plus là.

VIOLAINE

1275 Lui du moins ne manquera pas.

MARA, *doucement.*

Peut-être, qui le sait, Violaine, dis?

VIOLAINE

La vie manque et non point la mort où je suis.

MARA

Hérétique! es-tu sûre de ton salut?

VIOLAINE

Je le suis de Sa bonté, qui a pourvu.

MARA

1280 Nous en voyons les arrhes.

VIOLAINE

J'ai foi en Dieu qui m'a fait ma part.

MARA

Que sais-tu de Lui qui est invisible et que rien ne manifeste?

VIOLAINE

Il ne l'est pas devenu plus pour moi que n'est le reste.

MARA, *ironiquement.*

Il est avec toi, petite colombe, et Il t'aime?

VIOLAINE

1285   Comme avec tous les misérables, Lui-même.

MARA

Certes son amour est grand!

VIOLAINE

Comme celui du feu pour le bois quand il prend.

MARA

Il t'a durement châtiée.

VIOLAINE

Pas plus que je ne l'avais mérité.

MARA

1290   Et déjà celui à qui tu avais livré ton corps t'a oubliée.

VIOLAINE

Je n'ai pas livré mon corps!

MARA

Douce Violaine! menteuse Violaine! ne t'ai-je point vue tendrement embrasser Pierre de Craon ce matin d'un beau jour de mai?

VIOLAINE

Tu as vu tout et il n'y a rien d'autre.

MARA

Pourquoi donc le baisais-tu si précieusement?

VIOLAINE

1295   Le pauvre homme était lépreux et moi, j'étais si
heureuse ce jour-là!

MARA

En toute innocence, n'est-ce pas?

VIOLAINE

Comme une petite fille qui embrasse un pauvre petit
garçon.

MARA

Dois-je le croire, Violaine?

VIOLAINE

C'est vrai.

MARA

1300   Ne dis donc point que c'est de ton gré que tu m'as
laissé Jacques.

VIOLAINE

Non, ce n'est pas de mon gré, je l'aimais! Je ne suis
pas si bonne.

MARA

Fallait-il qu'il t'aimât encore, étant lépreuse?

VIOLAINE

Je ne l'attendais pas.

MARA

Qui aimerait une lépreuse?

VIOLAINE

1305   Mon cœur est pur!

MARA

Mais qu'est-ce que Jacques en savait? Il te tient criminelle.

VIOLAINE

Notre mère m'avait dit que tu l'aimais.

MARA

Ne dis point que c'est elle qui t'a rendue lépreuse.

VIOLAINE

Dieu m'a prévenue de sa grâce.

MARA

1310   De sorte que quand la mère t'a parlé...

VIOLAINE

... C'était Lui-même encore que j'entendais.

MARA

Mais pourquoi te laisser croire parjure?

VIOLAINE

N'aurais-je donc rien fait de mon côté?
Pauvre Jacquin! Fallait-il lui laisser aucun regret de
moi?

MARA

1315 Dis que tu ne l'aimais point.

VIOLAINE

Je ne l'aimais point, Mara?

MARA

Mais moi, je ne l'aurais pas ainsi lâché!

VIOLAINE

Est-ce moi qui l'ai lâché?

MARA

Mais moi, je serais morte!

VIOLAINE

1320 Est-ce que je suis vivante?

MARA

Maintenant je suis heureuse avec lui.

VIOLAINE

Paix sur vous!

MARA

Et je lui ai donné un enfant, Violaine! une chère
petite fille. Une douce petite fille.

VIOLAINE

Paix sur vous !

MARA

1325   Notre joie est grande. Mais la tienne l'est davantage
avec Dieu.

VIOLAINE

Et moi aussi j'ai connu la joie il y a huit ans et mon
cœur en était ravi,

Tant, que je demandai follement à Dieu, ah ! qu'elle
dure et ne cesse jamais !

Et Dieu m'a étrangement écoutée ! Est-ce que ma
lèpre guérira ? Non pas, autant qu'il y aura une
parcelle de chair mortelle à dévorer.

Est-ce que l'amour en mon cœur guérira ? Jamais,
tant qu'il y aura une âme immortelle à lui fournir
aliment.

1330   Est-ce que ton mari te connaît, Mara ?

MARA

Quel homme connaît une femme ?

VIOLAINE

Heureuse qui peut être connue à fond et se donner
tout entière.

Jacques, tout ce que je pouvais donner, qu'en
aurait-il fait ?

MARA

Tu as transféré à Un Autre ta foi ?

VIOLAINE

1335 L'amour a fait la douleur et la douleur a fait l'amour.

Le bois où l'on a mis le feu ne donne pas de la cendre seulement mais une flamme aussi.

MARA

À quoi sert cet aveugle qui ne donne aux autres Lumière ni chaleur ?

VIOLAINE

N'est-ce pas déjà beaucoup qu'il me serve ?

1340 Ne reproche pas cette lumière à la créature calcinée

Visitée jusque dans ses fondations, qui la fait voir en elle-même !

Et si tu passais une seule nuit dans ma peau tu ne dirais pas que ce feu n'a pas de chaleur.

Le mâle est prêtre, mais il n'est pas défendu à la femme d'être victime.

Dieu est avare et ne permet qu'aucune créature soit allumée,

1345 Sans qu'un peu d'impureté s'y consume.

La sienne ou celle qui l'entoure, comme la braise de l'encensoir qu'on attise !

Et certes le malheur de ce temps est grand.

Ils n'ont point de père. Ils regardent et ne savent plus où est le Roi et le Pape.

C'est pourquoi voici mon corps en travail à la place de la chrétienté qui se dissout.

1350 Puissante est la souffrance quand elle est aussi volontaire que le péché !

Tu m'as vu baiser ce lépreux, Mara ? Ah, la coupe de la douleur est profonde,

Et qui y met une fois la lèvre ne l'en retire plus à son
gré!

MARA

Prends donc aussi la mienne avec toi!

VIOLAINE

Je l'ai déjà prise.

MARA

1355   Violaine! s'il y a encore quelque chose de vivant et
qui est ma sœur sous ce voile et cette forme anéantie,
    Souviens-toi que nous avons été des enfants ensem-
ble! aie pitié de moi!

VIOLAINE

Parle, chère sœur. Aie confiance! Dis tout!

MARA

Violaine, je suis une infortunée, et ma douleur est
plus grande que la tienne!

VIOLAINE

Plus grande, sœur?

MARA *avec un grand cri ouvrant son manteau*
et levant au bout de ses bras
le cadavre d'un petit enfant.

1360   Regarde! prends-le!

VIOLAINE

Qu'est-ce que c'est?

MARA

Regarde, je te dis! prends-le! Prends-le, je te le donne.

Elle lui met le cadavre dans les bras.

VIOLAINE

Ah, je sens un petit corps raide! une pauvre petite figure glacée!

MARA

Ha! ha! Violaine! mon enfant! ma petite fille!
1365 C'est sa petite figure si douce! c'est son pauvre petit corps!

VIOLAINE, *à voix basse.*

Morte, Mara?

MARA

Prends-la, je te la donne!

VIOLAINE

Paix, Mara!

MARA

Ils voulaient me l'arracher, mais moi je ne me la suis pas laissé prendre! et je me suis sauvée avec elle.
1370 Mais toi, prends-la, Violaine! Tiens, prends-la, tu vois, je te la donne.

VIOLAINE

Que veux-tu que je fasse, Mara?

MARA

Ce que je veux que tu fasses ? ne m'entends-tu pas ?
Je te dis qu'elle est morte ! je te dis qu'elle est morte !

VIOLAINE

Son âme vit en Dieu. Elle suit l'Agneau. Elle est
avec les bienheureuses petites filles.

MARA

1375   Mais elle est morte pour moi !

VIOLAINE

Tu me donnes bien son corps ! donne le reste à Dieu.

MARA

Non ! non ! non ! tu ne me donneras point le change
avec tes paroles de béguine ! Non, je ne me laisserai
point apaiser.

Ce lait qui me cuit aux seins, il crie vers Dieu
comme le sang d'Abel !

Est-ce que j'ai cinquante enfants à m'arracher du
corps ? est-ce que j'ai cinquante âmes à m'arracher de
la mienne ?

1380   Est-ce que tu sais ce que c'est que de se déchirer en
deux et de mettre au dehors ce petit être qui crie ?

Et la sage-femme m'a dit que je n'enfanterai plus.

Et quand j'aurais cent enfants, ce ne serait pas ma
petite Aubaine.

VIOLAINE

Accepte, soumets-toi.

MARA

Violaine, tu le sais, j'ai la tête dure. Je suis celle qui ne se rend pas et qui n'accepte rien.

VIOLAINE

1385   Pauvre sœur !

MARA

Violaine, c'est si doux, ces petits, et cela fait si mal, cette cruelle petite bouche, quand elle vous mord dedans !

VIOLAINE, *caressant le visage.*

Comme son petit visage est froid !

MARA, *à voix basse.*

Il ne sait rien encore.

VIOLAINE, *de même.*

Il n'était pas à la maison ?

MARA

1390   Il est à Rheims pour vendre son blé. Elle est morte tout d'un coup, en deux heures.

VIOLAINE

À qui ressemblait-elle ?

MARA

À lui, Violaine. — Elle n'est pas seulement de moi, elle est de lui aussi. Ses yeux seulement sont les miens.

VIOLAINE

Pauvre Jacquin !

MARA

Ce n'est pas pour t'entendre dire : Pauvre Jacquin !
que je suis venue ici.

VIOLAINE

1395   Que veux-tu donc de moi ?

MARA

Violaine, veux-tu voir cela ? Dis ! sais-tu ce que c'est
qu'une âme qui se damne ?

De sa propre volonté pour le temps éternel ?

Sais-tu ce qu'il y a dans le cœur quand on blas-
phème pour de bon ?

J'ai un diable, pendant que je courais, qui me
chantait une petite chanson.

1400   Veux-tu entendre ces choses qu'il m'a apprises ?

VIOLAINE

Ne dis pas ces choses affreuses !

MARA

Rends-moi donc mon enfant que je t'ai donné !

VIOLAINE

Tu ne m'as donné qu'un cadavre.

MARA

Et toi, rends-le-moi vivant !

VIOLAINE

405 Mara ! qu'oses-tu dire ?

MARA

Je n'accepte pas que mon enfant soit mort.

VIOLAINE

Est-ce qu'il est en mon pouvoir de ressusciter les morts ?

MARA

Je ne sais, je n'ai que toi à qui je puisse avoir recours.

VIOLAINE

Est-ce qu'il est en mon pouvoir de ressusciter les morts comme Dieu ?

MARA

410 À quoi est-ce que tu sers alors ?

VIOLAINE

À souffrir et à supplier !

MARA

Mais à quoi est-ce qu'il sert de souffrir et de supplier si tu ne me rends pas mon enfant ?

VIOLAINE

Dieu le sait, à qui c'est assez que je le serve.

MARA

Mais moi, je suis sourde et je n'entends pas! et je crie vers toi de la profondeur où je suis! Violaine! Violaine!

1415 Rends-moi cet enfant que je t'ai donné! Eh bien! je cède, je m'humilie! aie pitié de moi!

Aie pitié de moi, Violaine! et rends-moi cet enfant que tu m'as pris.

VIOLAINE

Celui-là seul qui l'a pris peut le rendre!

MARA

Rends-le-moi donc. Ah! je sais que tout cela est ta faute.

VIOLAINE

Ma faute?

MARA

1420 Soit, non,
La mienne, pardonne-moi! Mais rends-le-moi, ma sœur!

VIOLAINE

Mais tu vois qu'il est mort.

MARA

Tu mens! il n'est pas mort! Ah! fillasse, ah, cœur de brebis! ah, si j'avais accès comme toi à ton Dieu,
Il ne m'arracherait pas mes petits si facilement!

VIOLAINE

1425 Demande-moi de recréer le ciel et la terre!

MARA

Mais il est écrit que tu peux souffler sur cette montagne et la jeter dans la mer.

VIOLAINE

Je le puis, si je suis une sainte.

MARA

Il faut être une sainte quand une misérable te supplie.

VIOLAINE

Ah ! suprême tentation !

1430 Je jure, et je déclare, et je proteste devant Dieu que je ne suis pas une sainte !

MARA

Rends-moi donc mon enfant !

VIOLAINE

Mon Dieu, vous voyez mon cœur !

Je jure et je proteste devant Dieu que je ne suis pas une sainte !

MARA

Violaine, rends-moi mon enfant !

VIOLAINE

1435 Pourquoi ne me laisses-tu pas en paix ? Pourquoi viens-tu ainsi me tourmenter dans ma tombe ?

Est-ce que je vaux quelque chose ? est-ce que je dispose de Dieu ? est-ce que je suis comme Dieu ?

C'est Dieu même que tu me demandes de juger seulement.

MARA

Je ne te demande que mon enfant seulement.

Pause.

VIOLAINE, *levant le doigt.*

Écoute.

Silence. Cloches au loin presque imperceptibles.

MARA

1440 Je n'entends rien.

VIOLAINE

Ce sont les cloches de Noël, les cloches qui nous
annoncent la messe de Minuit!
Ô Mara, un petit enfant nous est né!

MARA

Rends-moi donc le mien.

Trompettes dans l'éloignement.

VIOLAINE

Qu'est cela?

MARA

1445 C'est le Roi qui va-t-à Rheims. N'as-tu point
entendu de cette route que les paysans taillaient tout
au travers de la forêt?
(Et cela fait aussi du bois pour eux.)
C'est une petite pastourelle qui le conduit, par le
milieu de la France
À Rheims pour qu'il s'y fasse sacrer.

VIOLAINE

Loué soit Dieu qui fait ces grandes choses !

Les cloches de nouveau, très claires.

MARA

1450 Comme les cloches sonnent le *Gloria !* Le vent porte
sur nous. Il y a trois villages à la fois qui sonnent.

VIOLAINE

Prions avec tout l'univers ! Tu n'as pas froid, Mara ?

MARA

Je n'ai froid qu'au cœur.

VIOLAINE

Prions. Voici longtemps que nous avons fait Noël
ensemble.
Ne crains point. J'ai pris ta douleur avec moi.
Regarde ! et ce que tu m'as donné est caché sur mon
cœur avec moi.
1555 Ne pleure point ! Ce n'est pas le moment de pleurer,
quand le salut de tous les hommes est déjà né.

Cloches au loin, moins distinctes.

MARA

Il ne neige plus et les étoiles brillent.

VIOLAINE

Regarde ! vois-tu ce livre ?

MARA

Je le vois.

VIOLAINE

Prends-le, veux-tu ? et lis-moi l'Office de Noël, la
première leçon de chacun des trois Nocturnes[1].

MARA

1560   À qui le lirai-je ?

VIOLAINE

Lis-le à Dieu. Lis-le aux Anges. Lis-le à toute la
terre. Moi je rentre dans la nuit par-dessus ma nuit
pour t'écouter.

> *Violaine est descendue de l'estrade emportant
> l'enfant. Elle s'enfonce au fond de la* cella
> *ménagée dans la paroi de l'édifice en ruine qui lui
> sert d'abri.*
>
> *Mara monte sur l'estrade, s'installe devant le
> pupitre d'où elle procède à la lecture.*
>
> *Elle lit* recto tono *les premières lignes de la
> prophétie. Peu à peu sa voix baisse pendant que
> dans la forêt les chants surnaturels se font
> entendre.*

MARA, *lisant :*

PROPHÉTIE D'ISAÏE.

1562   *Au premier temps fut allégée la terre de Zabulon et la terre de
Nephtali, et au dernier fut aggravée la voie de la mer au-delà du
Jourdain de la Galilée des Nations. Le peuple qui marchait
dans les ténèbres a vu une grande lumière ; ceux qui habitaient
dans la région de l'ombre de la mort, la lumière leur est née[2].*

Silence. Chants.

MARA, *reprenant sa lecture :*

SERMON DE SAINT LÉON PAPE.

Notre sauveur, mes bien-aimés, est né en ce jour-ci : soyons joyeux. Et en effet il n'est ouverture à la tristesse, quand c'est le jour natal de la vie : qui, la crainte consumée de la mort, met en nous la joie de l'éternité promise. Nul d'une part à cette allégresse n'est exclu[1].

> *Sonnerie éclatante et prolongée de trompettes, toute proche. — Grands cris au travers de la forêt.*

MARA

Le Roi! Le Roi de France!

> *De nouveau et une fois encore sonnerie de trompettes indiciblement déchirante, solennelle et triomphale.*

MARA, *à voix basse.*

Le Roi de France qui va-t-à Rheims!

> *Silence.*

Violaine!

> *Elle crie de toutes ses forces.*

M'entends-tu, Violaine?

> *Silence. — Elle reprend sa lecture :*

... Que le pécheur se réjouisse à cause qu'il est invité au pardon! Que le Gentil espère parce qu'il est invité à la vie! Car le Fils de Dieu selon la plénitude de ce temps que l'inscrutable profondeur du divin conseil a disposée[2]...

> *Silence. Chants des Anges.*

1570   MARA

Violaine, je ne suis pas digne de lire ce livre !
Violaine, je sais que je suis trop dure et j'en ai
regret : je voudrais être autrement.

Silence.

MARA, *avec effort, reprenant le livre,*
d'une voix tremblante :

1572   *LECTURE DU SAINT ÉVANGILE*
            SELON SAINT LUC.

Elle se lève.

En ce temps-là l'édit fut issu de César Auguste que toute la
terre fût mise par écrit [1]. *Et le reste.*

1574   *HOMÉLIE*
        DE SAINT GRÉGOIRE PAPE.

1575   *Pour ce que, par la grâce de Dieu, nous devons aujourd'hui*
trois fois célébrer les solennités de la messe [2].

De même.

        Le livre tremble violemment entre les mains de
        Mara. Elle finit par le laisser tomber et elle reste
        debout dans le clair de lune dans une attitude de
        panique. Le jour commence à poindre.

VIOLAINE, *soudain poussant un cri étouffé.*

Ah !

Mara se dirige vers la cella. *Elle s'y enfonce et en revient à reculons entraînant Violaine avec elle. Elle l'amène jusque sur le devant de la scène et là tout à coup, ayant vu l'enfant qui bougeait, elle se rejette en arrière.*

MARA

Violaine, qu'est-ce qui bouge sur toi? Qu'est-ce qui bouge sur toi? Je te demande ce qui bouge ainsi sur toi!

VIOLAINE

Paix, Mara! voici le jour de Noël où toute joie est née.

MARA

Quelle joie y a-t-il pour moi sinon que mon enfant vive?

VIOLAINE

1580

Et nous aussi un petit enfant nous est né!

MARA

Ça bouge, ça bouge, ça bouge! Ô mon Dieu, je vois que cela bouge de nouveau.

Au nom du Dieu vivant, que dis-tu là?

VIOLAINE

« Voici que je vous annonce une grande joie... »

Pauvre sœur! elle pleure. Elle a eu trop de peine aussi.

1585

Prends, Mara! Veux-tu me laisser toujours cet enfant?

Elle lui tend l'enfant.

MARA

Il vit !

> *Mara se jette sur l'enfant et l'arrache violem-*
> *ment à sa sœur.*

> VIOLAINE, *monte sur l'estrade*
> *les deux mains jointes et s'écrie :*

Gloire à Dieu !

MARA

Il vit !

VIOLAINE

Paix aux hommes sur la terre !

1590   MARA

Il vit ! il vit !

VIOLAINE

Il vit et nous vivons.
Et la face du Père apparaît sur la terre renaissante et
consolée.

MARA

Mon enfant vit !

> VIOLAINE, *levant le doigt.*

Écoute !

> *Silence.*

1595 J'entends l'Angélus qui sonne à Monsanvierge.

> *Elle se signe et prie. — L'enfant se réveille.*

MARA, *à voix très basse.*

C'est moi, Aubaine, me reconnais-tu?

L'enfant s'agite et geint.

Quoi qu'i gnia, ma joie? quoi qu'i gnia, mon trésor?

*L'enfant ouvre les yeux, regarde sa mère et se
met à pleurer. Mara le regarde attentivement.*

Violaine!
Qu'est-ce que cela veut dire? Ses yeux étaient noirs,
Et maintenant ils sont devenus bleus comme les
tiens.

Silence.

Ah!
Et quelle est cette goutte de lait que je vois sur ses
lèvres?

*On entend les cloches de Monsanvierge qui
sonnent dans le lointain.*

ACTE IV

SCÈNE PREMIÈRE

La seconde partie de la nuit. La salle du premier acte. Dans la cheminée les charbons jettent une faible lueur. Au milieu une longue table sur laquelle une nappe étroite dont les pans retombent également aux deux bouts. La porte est ouverte à deux battants, découvrant la nuit étoilée. Un flambeau allumé est posé au milieu de la table.

> *Entre Jacques Hury, comme s'il cherchait quelqu'un. Il sort et ramène Mara par le bras.*

JACQUES HURY

Que fais-tu là ?

MARA

Il me semblait que j'entendais un bruit de char là-bas en bas dans la vallée.

¹⁶⁰⁵

JACQUES HURY, *prêtant l'oreille.*

Je n'entends rien.

MARA

C'est vrai, tu n'entends rien. Mais moi, j'ai l'oreille vivante et le jas [1] de l'œil ouvert.

JACQUES HURY

Tu ferais mieux de dormir.

MARA

Dis, toi-même, tu ne dors pas toujours si bien.

JACQUES HURY

Je pense, j'essaye de comprendre.

1610

MARA

Qu'est-ce que tu essayes de comprendre?

JACQUES HURY

Aubaine. Cette enfant malade et qui allait mourir. Et un beau jour, je rentre, et on me dit que tu t'es sauvée avec elle comme une folle.
C'était le temps de Noël. Et le jour des Innocents [2], la voilà qui revient avec l'enfant. Guérie!
Guérie. Elle était guérie.

MARA

C'est un miracle.

1615

JACQUES HURY

Oui. Tantôt c'est la Sainte Vierge, si on te croyait, et tantôt c'est je ne sais quelle âme sainte quelque part qui a fait le miracle.

MARA

Ni l'un ni l'autre. C'est moi qui ai fait le miracle.

En sursaut.

Écoute!

Ils prêtent l'oreille.

JACQUES HURY

Je n'entends rien.

MARA, *frissonnante.*

Ferme cette porte. C'est gênant!

Il pousse la porte.

1620

JACQUES HURY

Ce qu'il y a de sûr est que la figure maintenant ne ressemble pas la même.

La même bien sûr et pas la même. Les yeux par exemple, c'est changé.

MARA

Dis, mon malin, tu as remarqué cela tout seul?

Voilà ce qui arrive quand le bon Dieu se mêle de nos affaires.

Et toi, mêle-toi des tiennes!

Violemment :

Et qu'est ce qu'il a donc à regarder tout le temps c'te porte?

JACQUES HURY

C'est toi qui ne cesses pas de l'écouter.

MARA

J'attends.

JACQUES HURY

J'attends qui ? j'attends quoi ?

MARA

J'attends mon père !
1630 Mon père, Anne Vercors, qui est parti, il y a sept
ans !

Ma parole, je crois qu'il l'a déjà oublié !

Ce vieux bonhomme, tu te rappelles ? Anne Vercors
qu'on l'appelait.

Tout de même, le maître de Combernon, ça n'a pas
toujours été Jacques Hury.

JACQUES HURY

Bien ! S'il revient, il retrouvera les terres en bon état.

1635

MARA

Et la maison de même. Sept ans déjà qu'il est parti.

À voix basse :

Je l'entends qui revient.

JACQUES HURY

On ne revient pas beaucoup de Terre Sainte.

MARA

Et s'il était vivant, depuis sept ans il aurait trouvé
moyen de nous donner de ses nouvelles.

JACQUES HURY

C'est loin, la Terre Sainte, faut passer la mer.

1640

MARA

Il y a les pirates, il y a les Turcs, il y a les accidents,
il y a la maladie, il y a les mauvaises gens.

JACQUES HURY

Même ici on n'entend parler que de malfaisance.

MARA

Cette femme par exemple qu'on me dit qu'on vient
de la retrouver au fond d'un trou à sable.

JACQUES HURY

Quelle femme?

MARA

Là-bas. Une lépreuse qu'on dit.
1645   Peut-être c'est-i que c'est qu'elle y est tombée toute
seule.

Qu'est-ce qu'elle faisait à se promener? Tant pis
pour elle!

Et peut-être tout de même qu'on l'a poussée.
Quelqu'un.

JACQUES HURY

Une lépreuse?

MARA

Ah! ah! cela te fait dresser l'oreille? Rien qu'une
petite lèpre, on dit que ça fait mal aux yeux. Et quand
on ne voit pas clair, faut pas se promener.

650 Et tout le monde, on n'aime pas ce voisinage-là,
peut-être bien ! Un accident est bientôt arrivé.

JACQUES HURY

Tout de même, si le père revient, c'est pas sûr qu'il
soit tellement contenté.

MARA

Mara ! qu'il dira tout de suite. C'est Mara qu'il
aimait le mieux.

Quel bonheur de savoir que c'est elle à la fin qui a
attrapé Monsieur Jacques !

Et qu'elle dort toutes les nuits à son côté comme une
épée nue.

655

JACQUES HURY

Et sa fille, sa petite-fille, est-ce qu'il ne sera pas
content de l'embrasser ?

MARA

« Quelle belle enfant ! dira-t-il. Et quels jolis yeux
bleus ! Cela me rappelle quelque chose ! »

JACQUES HURY, *comme s'il parlait*
à la place du père.

« Et la mère, où est-elle ? »

MARA, *avec une révérence.*

Pas ici pour le moment, Monseigneur ! Dame,
quand on va à Jérusalem, faut pas s'attendre à
retrouver tout le monde ! C'est long, sept ans !

C'est Mara maintenant qui occupe sa place au coin
du feu.

1660   JACQUES HURY, *comme précédemment.*

« Bonjour, Mara ! »

MARA

Bonjour, père !

> *Anne Vercors pendant ce temps est entré par le*
> *côté de la scène et se trouve derrière eux.*
> *Il porte le corps de Violaine entre ses bras.*

ANNE VERCORS

Bonjour, Jacques !

SCÈNE II

Anne Vercors fait le tour de la table et va se placer derrière
elle à la place où se trouve la cathèdre[1]. *Il regarde l'un après*
l'autre Jacques et Mara.

ANNE VERCORS

Bonjour, Mara !

> *Elle ne répond rien.*

JACQUES HURY

Père ! quelle est cette chose dans votre manteau que
vous nous apportez ?
1665   Et qu'est-ce que c'est que ce corps mort entre vos
bras ?

ANNE VERCORS

Aide-moi à l'étendre tout du long sur cette table.
Doucement ! doucement, mon petit !

Ils étendent le corps sur la table et Anne
Vercors le recouvre de son manteau.

La voilà ! c'est elle ! c'est la table où je vous ai rompu
le pain à tous, le jour de mon départ.

Bonjour, Jacques ! Bonjour, Mara ! Tous deux sont
là à ma place et mon royaume en leur personne
continue,

1670 La terre sur qui d'un bout à l'autre, comme un
grand peuplier

Tantôt plus longue et tantôt se raccourcissant,

S'étend l'ombre d'Anne Vercors.

Et pour ce qui est de la Mère, j'ai entendu,

Et je sais qu'elle m'attend en ce lieu où je ne serai
pas long à la rejoindre.

1675

JACQUES HURY

Père ! Je vous demande quelle est cette chose que
vous nous avez apportée entre les bras,

Et quel est ce corps mort qui se trouve là étendu sur
cette table ?

ANNE VERCORS

Non point mort, Jacques, non point mort tout à fait.
Ne vois-tu pas qu'elle respire ?

JACQUES HURY

Père, qui est-ce ?

ANNE VERCORS

Quelque chose que j'ai trouvé sur mon chemin hier
dans un grand trou à sable.

1680 J'ai entendu cette voix qui m'appelait faiblement.

JACQUES HURY

Une lépreuse, n'est-ce pas ?

ANNE VERCORS

Une lépreuse. Qui te l'a dit ? Tu savais cela déjà ?
C'est Mara sans doute qui te l'a dit.

JACQUES HURY

Et pourrais-je vous demander pourquoi vous me
rapportez dans cette honnête maison qui est la mienne,
une lépreuse ?

ANNE VERCORS

Veux-tu nous mettre à la porte tous les deux ?
1685   C'est elle qui me l'a demandé, la bouche contre mon
oreille,
De l'apporter ici. De la rapporter ici.
Elle peut parler encore. Mais hélas ! que sont-ils
devenus, ces beaux yeux de Violaine, mon enfant ? ils
ne sont plus.

JACQUES HURY

Et est-ce qu'elle entend ce que nous disons ?

ANNE VERCORS

Je ne sais. Elle demande la paix. Elle demande que
tu ne sois plus en colère contre elle. Et Mara aussi, si
elle est en colère.

Il regarde Violaine étendue.

1690   Je demande pardon.

JACQUES HURY

Je ne suis pas en colère.

ANNE VERCORS

Ses yeux, pauvre enfant! elle n'a plus d'yeux! Mais le cœur bat encore.

Faiblement, faiblement!

Toute la nuit j'ai entendu le cœur de mon enfant qui battait contre le mien et elle essayait de me serrer fort contre elle,

Faiblement, faiblement!

Et le cœur de temps en temps s'arrêtait et puis il reprenait la petite course blessée.

Pan pan pan! pan pan pan! Père! Père!

JACQUES HURY

Et est-ce qu'elle vous a parlé de moi aussi?

ANNE VERCORS

Oui, Jacques.

JACQUES HURY

Et de cet autre aussi... Elle était ma fiancée!... je dis cet autre un matin de mai...

ANNE VERCORS

De qui veux-tu parler?

JACQUES HURY

Pierre de Craon! Ce ladre, ce mésel[1]! ce voleur! Ce maçon, il y a sept ans, qui était venu pour ouvrir le flanc de Monsanvierge!

Silence.

ANNE VERCORS

Il n'y a pas eu de péché entre Violaine et Pierre.

JACQUES HURY

Et que dites-vous de ce chaste baiser qu'elle a échangé avec lui un matin de mai?

Silence.

Anne Vercors fait lentement un signe négatif avec la tête.
Jacques Hury va chercher Mara en la tirant par le poignet et il lui fait lever la main droite.

1705   Un matin de mai! Mara jure qu'un matin de mai, s'étant levée de bonne heure,
Elle a vu cette Violaine ici présente qui baisait tendrement ce Pierre de Craon sur la bouche.

Silence.

ANNE VERCORS

Je dis non.

JACQUES HURY

Et alors, votre Mara, elle a menti?

ANNE VERCORS

Elle n'a pas menti.

JACQUES HURY

1710   Moi, moi, moi, son fiancé! elle n'avait jamais permis que je la touche!

ANNE VERCORS

J'ai vu Pierre de Craon à Jérusalem. Il était guéri.

JACQUES HURY

Guéri ?

ANNE VERCORS

Guéri. Et c'est pour cela précisément qu'il était allé
là-bas en accomplissement de son vœu.

JACQUES HURY

Il est guéri, et moi je suis damné !

ANNE VERCORS

715 Et c'est pour te guérir aussi, Jacques mon enfant,
que je suis venu t'apporter ces reliques vivantes.

JACQUES HURY

Père ! père ! j'avais une enfant aussi qui était près de
mourir.
Aubaine, qu'elle s'appelle,
Et voilà qu'elle a été guérie !

ANNE VERCORS, *avec un geste.*

Grâces à Dieu !

JACQUES HURY

720 Grâces à Dieu !
Mais cette bouche, cette bouche de votre fille, cette
bouche que vous m'aviez donnée, cette fille que vous
m'aviez donnée ! Cette bouche, elle n'était pas à elle,
elle est à moi ! Je dis cette bouche et le souffle de vie
qu'il y a entre les lèvres !

ANNE VERCORS

La bouche de la femme, avant l'homme elle est à Dieu, qui au jour du baptême l'a salée de sel. Et c'est à Dieu seul qu'elle dit : « Qu'Il me baise d'un baiser de Sa bouche [1] ! »

JACQUES HURY

Elle ne s'appartenait plus ! Je lui avais donné mon anneau !

ANNE VERCORS

Regarde-le qui brille à son doigt.

JACQUES HURY, *stupéfait.*

1725   C'est vrai !

ANNE VERCORS

C'est Pierre de Craon là-bas qui me l'a remis et je l'ai replacé au doigt de la donatrice.

JACQUES HURY

Et le mien, n'est-ce pas c'est ce que vous pensez, il fait la paire avec celui de Mara !

ANNE VERCORS

Respecte-le davantage.

JACQUES HURY

Un matin de mai ! Père ! père ! tout riait autour d'elle ! Elle m'aimait, et je l'aimais. Tout était à elle et je lui avais tout donné !

ANNE VERCORS

1730 Jacques, mon enfant! écoute, comprends! C'était trop beau! ce n'était pas acceptable.

JACQUES HURY

Que voulez-vous dire?

ANNE VERCORS

Jacques, mon enfant! le même appel que le père a entendu, la fille aussi, elle lui a prêté l'oreille!

JACQUES HURY

Quel appel?

ANNE VERCORS, *comme s'il récitait.*

L'Ange de Dieu a annoncé à Marie et elle a conçu de l'Esprit-Saint[1].

JACQUES HURY

1735 Qu'est-ce qu'elle a conçu?

ANNE VERCORS

Toute la grande douleur de ce monde autour d'elle, et l'Église coupée en deux, et la France pour qui Jeanne a été brûlée vive, elle l'a vue! Et c'est pourquoi elle a baisé ce lépreux, sur la bouche, sachant ce qu'elle faisait.

JACQUES HURY

Une seconde! en une seconde elle a décidé cela?

ANNE VERCORS

Voici la servante du Seigneur[2].

JACQUES HURY

Elle a sauvé le monde et je suis perdu !

ANNE VERCORS

1740   Non, Jacques n'est pas perdu, et Mara n'est pas perdue quand elle le voudrait, et Aubaine, elle est vivante !

Et rien n'est perdu, et la France n'est pas perdue, et voici que de la terre jusqu'au ciel bon gré mal gré

D'espérance et de bénédiction se lève une poussée irrésistible !

Le Pape est à Rome et le Roi est sur son trône.

Et moi, je m'étais scandalisé comme un Juif, parce que la face de l'Église est obscurcie, et parce qu'elle marche en chancelant son chemin dans l'abandon de tous les hommes.

1745   Et j'ai voulu de nouveau me serrer contre le tombeau vide, mettre ma main dans le trou de la croix, comme cet apôtre dans celui des mains et des pieds et du cœur.

Mais ma petite fille Violaine a été plus sage !

Est-ce que le but de la vie est de vivre ? est-ce que les pieds des enfants de Dieu sont attachés à cette terre misérable ?

Il n'est pas de vivre, mais de mourir ! et non point de charpenter la croix, mais d'y monter et de donner ce que nous avons en riant !

Là est la joie, là est la liberté, là la grâce, là la jeunesse éternelle ! et vive Dieu si le sang du vieillard sur la nappe du sacrifice près de celui du jeune homme.

1750   Ne fait pas une tache aussi rouge, aussi fraîche que celui de l'agneau d'un seul an !

Ô Violaine! enfant de grâce! chair de ma chair!
Aussi loin que le feu fumeux de la ferme l'est de
l'étoile du matin,

Quand cette belle vierge sur le sein du soleil pose sa
tête illuminée,

Puisse ton père tout en haut pour l'éternité te voir à
cette place qui t'a été réservée!

Vive Dieu si où passe ce petit enfant le père ne passe
pas aussi!

1755   De quel prix est le monde auprès de la vie? et de
quel prix la vie, sinon pour s'en servir et pour la
donner?

Et pourquoi se tourmenter quand il est si simple
d'obéir et que l'ordre est là?

C'est ainsi que Violaine toute prompte suit la main
qui prend la sienne.

JACQUES HURY

Ô Violaine! ô cruelle Violaine! désir de mon âme,
tu m'as trahi!

Ô détestable jardin! ô amour inutile et méprisé,
jardin à la male heure planté!

1760   Douce Violaine! perfide Violaine! ô silence et
profondeur de la femme!

Est-ce que tu ne me diras rien? est-ce que tu ne me
réponds pas? est-ce que tu continueras de te taire?

M'ayant trompé avec des paroles perfides,

M'ayant trompé avec ce sourire amer et charmant,

Elle s'en va où je ne puis la suivre.

1765   Et moi, avec ce trait empoisonné dans le flanc,

Il va falloir que je vive et continue!

Bruits de la ferme qui se réveille.

C'est l'alouette qui monte en haut
Qui prie Dieu pour qu'i fasse beau !
Pour son père et pour sa mère
1770   *Et pour ses petits patriaux !*

ANNE VERCORS

Le jour se lève ! J'entends la ferme qui se réveille et toute la cavalerie de ma terre dans son pesant harnachement quatre par quatre,

Ces lourds quadriges dont il est parlé dans la Bible qui se préparent à l'évangile du soc et de la gerbe.

Il va ouvrir à deux battants la grande porte. Le jour pénètre à flots dans la grande salle.

JACQUES HURY

Père, regardez ! regardez cette terre qui est à vous et qui vous attendait, le sourire sur les lèvres !

Votre domaine, cet océan de sillons, jusques au bout de la France ! Il n'a pas démérité entre mes mains !

1775   La terre au moins, elle ne m'a pas trompé, et moi non plus, je ne l'ai pas trompée, cette terre fidèle, cette terre puissante ! Il y a un homme à Combernon ! La foi jurée, le mariage qu'il y a entre elle et moi, je l'ai respecté.

ANNE VERCORS

Ce n'est plus le temps de la moisson, c'est celui des semailles. La terre assez longtemps nous a nourris, et moi, il est temps que je la nourrisse à mon tour

Se retournant vers Violaine.

De ce grain inestimable.

JACQUES HURY, *se tordant les bras.*

Violaine ! Violaine ! m'entends-tu, Violaine ?

MARA, *(elle s'avance violemment).*

Elle n'entend pas ! Votre voix ne porte pas jusqu'à elle ! Mais moi, je saurai me faire entendre.

D'une voix basse et intense.

1780 Violaine ! Violaine ! je suis ta sœur ! m'entends-tu, Violaine ?

JACQUES HURY

Sa main ! J'ai vu cette main remuer !

MARA

Ha ha ha ! vous le voyez ? elle entend ! elle a entendu !

Cette voix, cette même voix de sa sœur qui un certain jour de Noël a fait force jusqu'au fond de ses entrailles !

JACQUES HURY

Père, père ! elle est folle ! vous entendez ce qu'elle dit ?

1785 Ce miracle... cet enfant... je suis fou... elle est folle.

ANNE VERCORS

Elle a dit vrai. Je sais tout.

MARA

Non, non, non ! je ne suis pas folle ! Et elle, regardez ! elle entend, elle sait, elle a compris !

Pan pan pan !...

Qu'est-ce qu'il disait, le père, tout à l'heure, qu'est-ce qu'il dit, le premier coup de l'Angélus ?

ANNE VERCORS

1790   *L'Ange de Dieu a annoncé à Marie et elle a conçu de l'Esprit-Saint*[1].

MARA

Et qu'est-ce qu'il dit, le second coup ?

ANNE VERCORS

Voici la servante du Seigneur, qu'il me soit fait suivant votre volonté[2].

MARA

Et qu'est-ce qu'il dit, le troisième coup ?

ANNE VERCORS

Et le Verbe s'est fait chair et il a habité parmi nous[3].

MARA

1795   Et le Verbe s'est fait chair et il a habité parmi nous.

Et le cri de Mara, et l'appel de Mara, et le rugissement de Mara, et lui aussi, il s'est fait chair au sein de cette horreur, au sein de cette ennemie, au sein de cette personne en ruine, au sein de cette abominable lépreuse !

Et cet enfant qu'elle m'avait pris,

Du fond de mes entrailles j'ai crié si fort qu'à la fin je le lui ai arraché, je l'ai arraché de cette tombe vivante.

Cet enfant à moi que j'ai enfanté et c'est elle qui l'a mis au monde.

JACQUES HURY

1800 C'est elle qui a fait cela ?

MARA

Tu sais tout ! oui, cette nuit, la nuit de Noël !

Aubaine, je t'ai dit qu'elle était malade, ce n'était pas vrai, elle était morte ! un petit corps glacé !

Et tu dis que c'est elle qui a fait cela ? C'est Dieu, c'est Dieu qui a fait cela ! tout de même j'ai été la plus forte ! c'est Mara, c'est Mara qui a fait cela !

> *Jacques Hury pousse une espèce de cri, et, repoussant violemment Mara, il se jette aux pieds de Violaine.*

MARA

Il se met à genoux ! cette Violaine qui l'a trahi pour un lépreux.

1805 (Et cette terre qui suffit à tout le monde, elle n'était pas bonne pour elle !)

Et cette parole qu'elle avait jurée, avec ses lèvres elle l'a mise entre les lèvres d'un lépreux...

JACQUES HURY

Tais-toi !

MARA

Violaine ! c'est elle seule qu'il aime ! C'est elle seule qu'ils aimaient tous !

C'est elle seule qu'ils aimaient tous ! et voilà son père qui l'abandonne, et sa mère bien doucement qui la conseille, et son fiancé comme il a cru en elle !

1810 Et c'était là tout leur amour. Le mien est d'une autre nature !

JACQUES HURY

C'est vrai! Et je sais aussi que c'est toi qui as
conduit Violaine jusqu'à ce trou de sable,
Une main par la main qui la tirait et l'autre qui la
pousse.

MARA

Il sait cela! rien ne lui échappe.

JACQUES HURY

Ai-je dit vrai ou non?

MARA

1815   Et fallait-il que cet homme qui m'appartient et qui
est à moi soit coupé en deux? une moitié ici et l'autre
dans le bois de Chevoche?
Et fallait-il que mon enfant qui est à moi fût coupé
en deux et qu'il eût deux mères? L'une pour le corps et
l'autre pour son âme?
C'est moi! c'est moi qui ai fait cela!

> *Sourdement et avec accablement, regardant ses*
> *mains.*

C'est moi, c'est moi qui ai fait cela!

ANNE VERCORS

Non, Mara, ce n'est pas toi, c'est un autre qui te
possédait. Mara, mon enfant! tu souffres et je voudrais
te consoler!
1820   Il est revenu à la fin, il est à toi pour toujours ce père
jadis que tu aimais!
Mara, Violaine! ô mes deux petites filles! ô mes
deux petits enfants dans mes bras! Toutes les deux, je

vous aimais et vos cœurs ensemble ne faisaient qu'un avec le mien.

MARA, *avec un cri déchirant.*

Père, père! mon enfant était mort et c'est elle qui l'a ressuscité!

VOIX D'ENFANT AU DEHORS:

> *Marguerite de Paris*
> *Prête-moi tes souliers gris*
> *Pour aller en paradis!*
> *Qu'i fait beau!*
> *Qu'i fait chaud!*
> *J'entends le petit oiseau*
> *Qui fait pi i i i!*

> *Au milieu de la chanson Violaine élève lente-*
> *ment le bras et elle le laisse retomber à côté de*
> *Jacques.*

VIOLAINE

Père, c'est joli, cette chanson, je la reconnais! c'est celle que nous chantions autrefois quand nous allions chercher des mûres le long des haies,
Nous deux Mara!

ANNE VERCORS

Violaine, c'est Jacques qui est là tout près de toi.

VIOLAINE

Est-ce qu'il est toujours en colère?

ANNE VERCORS

Il n'est plus en colère.

VIOLAINE, *(elle lui met la main sur la tête).*

1835　Bonjour, Jacques !

JACQUES HURY, *sourdement.*

Ô ma fiancée à travers les branches en fleurs, salut !

VIOLAINE

Père, dites-lui que je l'aime.

ANNE VERCORS

Et lui aussi, il n'a jamais cessé de t'aimer.

VIOLAINE

Père, dites-lui que je l'aime !

ANNE VERCORS

1840　Écoute-le qui ne dit rien.

VIOLAINE

Pierre de Craon...

ANNE VERCORS

Pierre de Craon ?

VIOLAINE

Pierre de Craon, dites-lui que je l'aime. Ce baiser
que je lui ai donné, il faut qu'il en fasse une église.

ANNE VERCORS

Elle est commencée déjà.

VIOLAINE

1845 Et Mara, elle m'aime ! Elle seule, c'est elle seule qui
a cru en moi !

ANNE VERCORS

Jacques, écoute bien !

VIOLAINE

Cet enfant qu'elle m'a donné, cet enfant qui m'est né
entre les bras ;
Ah grand Dieu, que c'était bon ! ah que c'était
doux ! Mara ! Ah comme elle a bien obéi, ah comme
elle a bien fait tout ce qu'elle avait à faire !
Père ! père ! ah que c'est doux, ah que cela est
terrible de mettre une âme au monde !

ANNE VERCORS

1850 Ce monde-ci, dis-tu, ou y en a-t-il un autre ?

VIOLAINE

Il y en a deux et je dis qu'il n'y en a qu'un, et que
c'est assez, et que la miséricorde de Dieu est immense !

JACQUES HURY

Le bonheur est fini pour moi.

VIOLAINE

Il est fini, qu'est-ce que ça fait ?
On ne t'a point promis le bonheur, travaille, c'est
tout ce qu'on te demande.
1855 Interroge la vieille terre et toujours elle te répondra
avec le pain et le vin.

Pour moi, j'en ai fini et je passe outre.

Dis, qu'est-ce qu'un jour loin de moi ? Bientôt il sera passé.

Et alors quand ce sera ton tour et que tu verras la grande porte craquer et remuer,

C'est moi de l'autre côté qui suis après.

JACQUES HURY

1860   Ô ma fiancée à travers les branches en fleurs, salut !

VIOLAINE

Tu te souviens ?
Jacques ! bonjour, Jacques !

> *Ici entrent tous les serviteurs de la ferme, tenant des cierges qu'ils allument.*

VIOLAINE

Jacques, tu es là encore ?

JACQUES HURY

Je suis là.

VIOLAINE

1865   Est-ce que l'année a été bonne et le blé bien beau ?

JACQUES HURY

Tant qu'on ne sait plus où le mettre.

VIOLAINE

Ah !
Que c'est beau une grande moisson !...
Oui, même maintenant je me souviens et je trouve que c'est beau !

JACQUES HURY

1870 Oui, Violaine.

VIOLAINE

Que c'est beau de vivre ! *(avec une profonde ferveur)* et
que la gloire de Dieu est immense !

JACQUES HURY

Vis donc et reste avec nous.

VIOLAINE, *(elle retombe sur sa couche).*

Mais que c'est bon aussi
De mourir alors que c'est bien fini et que s'étend sur
nous peu à peu
1875 L'obscurcissement comme d'un ombrage très
obscur.

Silence.

L'ANGÉLUS, *(voix)* :

1. *Pax pax pax* [1]
2. *Pax pax pax*
3. *Père père père*

VOLÉE :

*Gloria in excelsis Deo et in terra pax hominibus bonæ
voluntatis* [2]
Lætare [3]
Læ ta re
Læ ta re !

*Anne Vercors va chercher Mara et l'amène par
la main auprès de Violaine en face de Jacques
Hury. De la main gauche il prend la main de*

Jacques Hury et l'élève à mi-hauteur. À ce moment Mara dégage sa main et se saisit de celle de Jacques Hury qui reste la tête baissée regardant Violaine. Le père se saisit des deux mains avec les siennes et en fait solennellement l'élévation.

À ce moment seulement Jacques Hury lève la tête et regarde Mara qui tient les yeux durement fixés sur lui. Les cloches sonnent.

EXPLICIT[1]

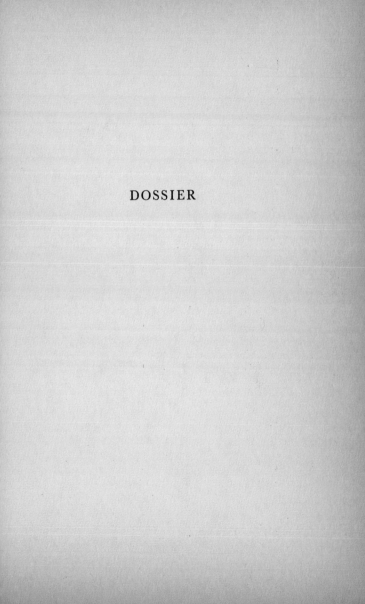

DOSSIER

CHRONOLOGIE

1868-1955

L'enfance provinciale

1862. Louis-Prosper Claudel, receveur de l'enregistrement, épouse à Villeneuve-sur-Fère, en Tardenois (ouest de la Champagne), Louise Cerveaux, fille du médecin du village et nièce du curé. Le jeune ménage est logé dans l'ancien presbytère.

1863. Naissance et décès de leur premier fils, Henri.

1864. Naissance de Camille Claudel qui est ainsi l'aînée.

1866. Naissance de Louise Claudel, l'autre sœur, dont on a peu parlé.

1868. Naissance à Villeneuve de Paul Claudel, le 6 août.

1869. À la mort du curé Cerveaux, la famille s'installe dans une maison proche du presbytère.
Les nominations successives du père entraîneront ensuite des déménagements, mais jamais très lointains.

1870-1875. Bar-le-Duc. Paul fréquente l'école des Sœurs de la Doctrine chrétienne, puis le lycée.

1876-1878. Nogent-sur-Seine. Les trois enfants sont instruits à domicile par un précepteur qu'ils aiment beaucoup, M. Colin.

1879-1882. Wassy-sur-Blaise. Le père est maintenant conservateur des hypothèques, Paul externe au collège de Wassy.

1880. Première communion et fin des pratiques religieuses de l'enfant.

1881. Mort particulièrement douloureuse du grand-père maternel, agonisant « de longs mois rongé par un cancer à l'estomac ».

Le Paris du jeune homme

1882. Pour faire des études de sculpture, Camille obtient que la famille s'installe à Paris (boulevard du Montparnasse, puis de Port-Royal). Le père reste d'abord seul à Wassy, il sera nommé ensuite à Rambouillet. Paul entre en classe de rhétorique (première) au lycée Louis-le-Grand. Il y est malheureux, supportant difficilement l'idéologie qui y règne, la perte du contact avec la nature, et aussi la nouvelle situation matérielle et morale de la famille.

1883-1885. Camille entre dans l'atelier de Rodin. Naissance de leur liaison. Paul, dont elle fait le buste en jeune Romain, suit avec ses camarades, Marcel Schwob, Léon Daudet, Romain Rolland, les cours de philosophie de Burdeau. Sa seule évasion est d'aller aux concerts (Beethoven, Wagner) en compagnie de Rolland. Les deux événements les plus notables de cette époque sont pour l'adolescent une distribution des prix présidée par Renan, et les funérailles de Hugo qui trouvent Paul très critique. Paul commence des études de droit.

Les deux chocs de l'année 86

Juin. Lecture des *Illuminations* de Rimbaud dans une revue *La Vogue* trouvée par hasard, et quelques mois plus tard d'*Une Saison en enfer*.

25 décembre. Conversion à Notre-Dame durant les vêpres. Pendant quatre ans cependant cette conversion ne se manifestera pas extérieurement. Ce sont quatre ans de résistance et de luttes intérieures.

Le temps des premières œuvres

1887. Le père est nommé à Compiègne. Paul, sans doute grâce à Camille, fréquente les mardis de Mallarmé qui sera très élogieux pour les premières pièces du jeune homme. Il suit des cours à l'École des Sciences politiques.

1888. Mariage de sa sœur Louise avec Ferdinand de Massary. Paul écrit une fantaisie bouffonne, *L'Endormie,* qu'il oublie vite, et un drame, *Une mort prématurée,* qu'il a détruit et dont ne nous restent plus que deux scènes sous le titre, *Fragment d'un drame.*

1889. Composition de la première version de *Tête d'or.*

1890. Reçu au concours des Affaires étrangères ; nommé, à Paris, au ministère, dans les Affaires commerciales. Composition de la première version de *La Ville.*

1892. Composition de la première version de *La Jeune Fille Violaine* : texte non publié à l'époque.

1893-1895. Vice-consul à New York, Claudel y arrive en avril 93 tandis que commence à se défaire la liaison de Camille et de Rodin. Quelques mois plus tard, Paul est nommé à Boston. Composition de *L'Échange,* de la deuxième version de *Tête d'or,* traduction de l'*Agamemnon* d'Eschyle, reprise de *La Ville.* Nommé à Shanghai, il y arrive en juillet 95.

Premier séjour en Chine (1895-1899)

Postes successifs à Fou-Tchéou, Hankéou, Shanghai. Nomination finale à Fou-Tchéou comme consul.

Il compose les poèmes de *Vers d'exil* et de *Connaissance de l'Est* (qui sera complété en 1900-1905), achève la seconde version de *La Ville,* reprend et achève également *La Jeune Fille Violaine,* juste avant son retour en France par la Syrie et la Palestine.

1900. Durant son congé en France, Claudel fait la connaissance de Gide et de Jammes. Des retraites à Solesmes et Ligugé le persuadent qu'il n'a pas la vocation monastique. Sur le bateau qui le ramène en Chine, il rencontre Mme Rosalie Vetch qui devient sa maîtresse et que l'on désigne du nom d'Ysé que lui a donné le poète dans son drame autobiographique, *Partage de midi.*

Deuxième séjour en Chine (1901-1905)

Pendant ces années, Ysé est à Fou-Tchéou aux côtés du poète. Il écrit les textes de son *Art poétique,* compose sa première Grande Ode, *Les Muses.* Son premier théâtre paraît en France sous le titre collectif de *L'Arbre*. Y figure sa pièce chinoise, *Le Repos du septième jour*.

En août 1904, Ysé, enceinte de lui, quitte brusquement le poète et pour un long temps disparaît complètement de sa vie.

1905. Durant son congé, Claudel, cherchant à conjurer la douleur de la rupture, retourne à Ligugé, fait un pèlerinage à Lourdes et revit son drame en écrivant *Partage de midi*. Le 28 décembre, il se fiance avec Reine Sainte-Marie-Perrin qu'il épouse le 15 mars 1906, trois jours avant de repartir en sa compagnie pour la Chine.

Troisième séjour en Chine (1906-1909)

Après Hankéou et Pékin, Claudel est consul à Tientsin. Naissance de ses deux premiers enfants, Marie (1907) et Pierre (1908). Composition des Odes 2, 3, 4 et 5. Début de la *Corona* et de *L'Otage*.

Le Retour en Europe (1909-1914)

Claudel est en poste successivement à Prague où naît sa fille Reine (1910), à Francfort (1912) et à Hambourg (1913) qu'il quitte à la déclaration de guerre.

1912. Naissance de son quatrième enfant, Henri.

1913. Mort de son père et internement de Camille.

Durant ces années, Claudel termine *L'Otage*, transforme *La Jeune Fille Violaine* en *Annonce faite à Marie* (Prague, 1911). Il compose *La Cantate à troix voix* et *Protée*.

C'est le moment des premières représentations en France du théâtre de Claudel :

1) décembre 1912 : *L'Annonce faite à Marie* au Théâtre de l'Œuvre de Lugné-Poe;

2) janvier 1914 : *L'Échange* au Vieux-Colombier de Copeau;

3) juin 1914 : *L'Otage* au Théâtre de l'Œuvre.

1914 est aussi l'année de la rupture avec Gide.

Les années de guerre

Après des tournées de conférences en Suisse et en Italie, Claudel est envoyé en mission économique à Rome, puis nommé ministre plénipotentiaire au Brésil, où il part en janvier 1917 avec Darius Milhaud pour secrétaire.
Pendant ces années troublées :

1) Composition du *Pain dur* et du *Père humilié*, de *La Nuit de Noël 1914*, *Poëmes de guerre*, *L'Ours et la Lune* et des premières *Feuilles de saints*.

2) Achèvement de la traduction de *L'Orestie* d'Eschyle.

3) Naissance en France, où est restée Mme Claudel, de Renée, la dernière fille du poète (1917).

Les grandes ambassades

Après Copenhague et le Schlesvig-Holstein (1919-1920), Claudel est successivement ambassadeur dans trois pays très différents :
1922-1926. À Tokyo, il compose son « testament dramatique », *Le Soulier de satin* ainsi qu'un nô, *La Femme et son ombre*.
1927. Il achète le château de Brangues et commence à s'y installer. Il compose *Le Livre de Christophe Colomb*.
1929. Mort de sa mère. Le lien avec Villeneuve se distend.
1927-1933. À Washington, il écrit les *Conversations du Loir-et-Cher* et inaugure son œuvre exégétique par *Au milieu des vitraux de l'Apocalypse*.
1933-1935. À Bruxelles, il compose l'*Introduction à la peinture hollandaise* et *Jeanne d'Arc au bûcher*.
1935. Échec à l'Académie française. Mort de sa sœur Louise de Massary.

Vingt années de retraite (1935-1955)

Claudel partage son temps entre Brangues et Paris. Il compose encore quelques textes dramatiques courts comme *L'Histoire de Tobie et de Sara* (1938) ou *Le Ravissement de Scapin*

(1949) mais il écrit surtout de nombreux commentaires bibliques comme *Le Cantique des cantiques* (1945), *Emmaüs* (1947) ou *L'Évangile d'Isaïe* (1950).

Parallèlement les représentations de ses pièces deviennent de plus en plus fréquentes, notamment à partir de 1943 où *Le Soulier de satin* est créé à la Comédie-Française sous l'impulsion de Jean-Louis Barrault. Ces représentations sont l'occasion pour le poète de remanier ses textes.

1943. Mort de Camille à la maison de santé de Montfavet près d'Avignon, après trente ans d'internement.

1946. Élection à l'Académie française.

1948. Le Théâtre Hébertot donne avec un grand succès la version définitive pour la scène que Claudel vient d'écrire pour l'*Annonce*.

1955. 17 février. L'*Annonce* est enfin créée à la Comédie-Française.
23 février. Mort de Claudel à Paris.

NOTICE

1. Composition

L'*Annonce faite à Marie* est le texte de Claudel dont l'histoire est la plus longue. Son titre initial a été *La Jeune Fille Violaine* mais les étapes les plus reculées de cette première pièce nous échappent. Ce qui est sûr, c'est que le jeune Claudel (il a vingt-quatre ans en 1892) a déjà publié en 1890 *Tête d'or* sans nom d'auteur à la Librairie de l'Art indépendant, et que *La Ville*, en instance de publication dans les mêmes conditions, paraîtra en 1893. Il semble ainsi que *La Jeune Fille Violaine* soit la troisième grande pièce d'un auteur à ses débuts, particulièrement fécond et cependant connu de quelques proches seulement.

Mais le texte que nous connaissons sous le nom de première version de *La Jeune Fille Violaine*, daté de 1892, pourrait bien n'être lui-même qu'une version déjà seconde par rapport à un autre texte dont Henri Mondor a retrouvé le manuscrit pour l'acte I et le début de l'acte II. Ce texte publié dans *Claudel plus intime* (Henri Mondor, Gallimard, 1960) figure en annexe dans le tome I du *Théâtre* de la Pléiade de 1967 (p. 1272-1292). Jacques Petit a supposé que ce texte, le plus ancien que nous connaissions, était en fait de 1892 alors que la version que nous appelons première daterait en fait de 1893 et 1894. Une lettre à Marcel Schwob, datée de la Pentecôte 1893 et écrite de New York, lors du premier séjour de Claudel à l'étranger, parle d'une *Jeune Fille Violaine* qui dort encore au fond d'une malle. Quelques semaines plus tard, il écrit à Pottecher[1] son projet de

1. *Cahiers Paul Claudel* I, Gallimard, 1959, p. 75.

« refondre de fond en comble *La Jeune Fille Violaine,* trop fade sous sa forme actuelle ». Refonte qui n'a vraisemblablement eu lieu que durant le deuxième semestre de 1894. La comparaison du texte Mondor et de ce qui est notre première version donne, surtout du point de vue stylistique, d'intéressantes indications sur la volonté chez l'auteur, en introduisant des néologismes, des mots et des tours paysans, de donner à l'ensemble une allure plus pittoresque et colorée.

C'est en Chine, à Fou-Tchéou, qu'en décembre 1898 et durant l'année 1899 Claudel a repris son drame pour écrire ce que nous appelons la deuxième version de *La Jeune Fille Violaine.* Il a terminé ce travail lorsqu'il part en congé en France à la fin d'octobre 1899, en passant par la Palestine. Il songe alors à une vocation monastique. Désemparé par le refus que Dieu, dit-il, lui a opposé, sur le bateau qui le ramène en Chine, il va rencontrer Ysé : une autre étape de sa vie commence. Les textes de *La Jeune Fille Violaine* sont donc tous antérieurs à la rencontre d'Ysé.

Un sommeil de plus de dix ans tombe sur la pièce. Nous sommes maintenant à Tien-Tsin, en février 1909. Claudel termine son troisième et dernier séjour en Chine. Il est marié et père de deux enfants. Il reçoit de Gide une lettre qui lui présente la requête de deux acteurs du Théâtre d'Art, Armand Bour et Marie Kalff. Ils lui demandent l'autorisation de jouer la deuxième version de *La Jeune Fille Violaine.* Claudel refuse, mais en des termes tels que l'on comprend son intérêt pour la pièce en train de renaître : « De toutes mes pièces *La Jeune Fille Violaine* est celle que je considère en même temps comme la plus pénétrée de poésie et la plus imparfaite. La fable et l'action en sont puériles, des parties entières comme les divagations architecturales de Pierre de Craon sont à supprimer (le rôle lui-même en entier peut-être)[1]. » Une dizaine de jours après, c'est à un autre ami, Gabriel Frizeau, qu'il écrit : « Cette histoire du Théâtre d'Art a eu un bon côté. Elle m'a fait réfléchir à *La Jeune Fille Violaine* et trouver l'idée, pourtant bien simple, qui manquait pour la mise au point de ce drame. Il est bien curieux combien mes idées mettent de temps à mûrir. J'ai écrit *La Jeune Fille Violaine* sous sa première forme en 1892, sous sa seconde en 1900, et ce n'est qu'aujourd'hui que je la vois dans ses lignes définitives. Je crois que je pourrai en faire quelque chose de parfaitement jouable. Le rôle de

1. 18 février 1909.

Pierre de Craon deviendra très important et le tout aura, je crois, un caractère assez grandiose qui lui manquait. » La contradiction entre les deux lettres sur le rôle de Pierre de Craon montre bien que Claudel se bat avec un texte qui a repris vie pour lui et qu'il retravaille désormais avec l'intention de le rendre scénique en le rendant plus solennel. Quant à l'idée qu'il vient de découvrir, il s'agit de la résurrection de l'enfant, qui va changer la nature du texte et transformer en un mystère le drame paysan.

Mais l'impulsion finale, Claudel l'a reçue à Prague où il est consul durant les années 1910-1911, et où il suit avec admiration et ferveur les offices du couvent voisin d'Emmaüs. Les liturgies auxquelles il assiste n'ont pas été étrangères au climat de l'*Annonce*. Il est également marqué à l'époque par la lecture de mystiques allemands du Moyen Âge. Il confie à André Suarès le 23 juillet 1910 : « Je n'ai pas encore écrit une ligne de ma nouvelle version de *La Jeune Fille Violaine*. En réalité c'est presque une nouvelle œuvre que je vais écrire », et en décembre suivant il apprend à Gide qu'il compose ce qui n'est toujours qu'une nouvelle *Jeune Fille Violaine*. Mais au même correspondant, le 18 février 1911, il fait état du changement de titre : « Je travaille avec ardeur à mon nouveau drame, *L'Annonce faite à Marie*, et j'en suis tout possédé. Il ne restera plus grand-chose de la pauvre *Jeune Fille Violaine*. Même le quatrième acte que je voulais laisser à peu près intact va sans doute être démoli. Le tout sera sans doute fini d'ici 4 ou 5 mois. » De fait le drame est terminé en juin de la même année. L'année suivante Lugné-Poe va le monter.

L'histoire des deux sœurs semblait avoir enfin trouvé sa forme définitive. Pendant plus d'un quart de siècle, Claudel n'y reviendra pas. Mais en 1937 l'*Annonce* est acceptée à la Comédie-Française (où elle ne sera finalement représentée qu'en 1955). Le dernier des metteurs en scène pressentis, Charles Dullin, a du mal avec l'acte IV. Il conseille à Claudel de le remanier. Ce que le dramaturge fait d'autant plus volontiers qu'il a eu une nouvelle idée, encore une, celle de faire revenir à la fin le Père rapportant le corps de sa fille. Ainsi naît pour l'*Annonce* une deuxième version qui ne diffère de la première que par l'acte IV. Solution qui gardait quelque chose d'insatisfaisant et sur laquelle Claudel revient dix ans plus tard, écrivant à partir des textes précédents une troisième version allégée, destinée à la scène, et qu'il appelle cette fois « version définitive pour la scène ». Représentée au Théâtre Hébertot, outre qu'elle est la dernière du vivant de l'auteur, elle se recommande par son caractère plus rapide et plus direct qui en a fait la version la plus connue et la plus jouée : c'est pourquoi nous l'avons choisie pour cette édition, même s'il est impossible de ne pas regretter souvent la richesse et la variété des précédentes versions. On ne peut que conseiller leur lecture ou leur consultation pour toute étude approfondie d'une pièce que Claudel aura ainsi portée, laissée, retrouvée, travaillée pendant plus d'un demi-siècle, de vingt-quatre à quatre-vingts ans.

Récapitulation des différentes versions (les dates sont celles de la rédaction) :

1892. *La Jeune Fille Violaine*, texte Mondor.
1894. *La Jeune Fille Violaine*, 1re version.
1899. *La Jeune Fille Violaine*, 2e version.
1911. *L'Annonce faite à Marie*, 1re version.
1938. *L'Annonce faite à Marie*, 2e version : version précédente avec l'acte IV refait.
1948. *L'Annonce faite à Marie*, 3e version, dite « version définitive pour la scène ».

2. Publication

La Jeune Fille Violaine :

La version Mondor a été publiée par Henri Mondor dans *Claudel plus intime*, Gallimard, 1960.

La première version, retrouvée par Jean Royère, a été publiée aux éditions Excelsior, Paris, 1926.

La seconde version a été publiée dans le recueil *L'Arbre*, Mercure de France, 1901, et reprise dans le *Théâtre, première série*, Mercure de France, t. III, 1911.

Ces trois versions sont réunies dans le *Théâtre*, t. I, Pléiade, 1967.

L'Annonce faite à Marie :

La première version a d'abord paru en cinq livraisons dans la *NRF* de décembre 1911, janvier, février, mars et avril 1912, puis a été publiée en volume aux éditions de la NRF en 1912.

La seconde version a fait l'objet d'une publication par Gallimard en 1940.

La troisième version enfin, celle de 1948, paraît l'année même chez Gallimard.

Ces trois versions sont réunies dans le *Théâtre*, t. II, Pléiade, 1965.

3. *Réception*

Depuis la représentation de 1912, *L'Annonce* a été longtemps la pièce la plus célèbre, et même la seule connue, de Claudel. Chez les esprits les plus divers, elle a suscité des réactions d'enthousiasme qui nous surprennent encore. Ainsi Gide écrivant à Claudel le 7 janvier 1912 : « Après avoir colligé avec Rivière le premier acte de *L'Annonce faite à Marie*, j'ai bien failli vous envoyer ne fût-ce qu'un mot pour vous redire encore une fois mon admiration : ce départ d'Anne Vercors est une des plus belles choses que je connaisse ; les larmes me venaient aux yeux en lisant cette scène à haute voix. Il faut qu'on porte cela au théâtre... et bientôt. » Le succès a vite dépassé les frontières. Dans un texte de *Comoedia* de 1921, Claudel énumère les pays qui ont applaudi sa pièce : l'Angleterre, la Hollande, la Serbie, la Suisse, la Hongrie, l'Autriche, l'Allemagne, et même la Russie des soviets. Vingt-cinq ans plus tard, dans une lettre à Jouvet (*Le Figaro* du 4 juin 1946), il peut encore ajouter l'Amérique et récapituler avec satisfaction : « Depuis [1912], sous tous les climats du monde, que ce soit l'Allemagne préhitlérienne, ou l'Angleterre ou l'Amérique ou la Russie soviétique, il ne s'est guère passé d'année où l'espérance déchaînée de la noire Mara n'ait arraché à une sainte à moitié détruite la résurrection de l'enfant fatidique. » *L'Annonce* aura effectivement annoncé, consommé et accompagné la remarquable fortune scénique à venir de l'ensemble du théâtre de Claudel. Pièce-locomotive, souvent superficiellement reçue, il lui est arrivé d'occulter, ou même de fausser, la perception des autres pièces. Ce qui n'empêche pas qu'on lui sache gré d'avoir pour beaucoup rendu l'univers claudélien accessible, de l'avoir fait exister. La liste commentée de ses représentations permettra de préciser l'importance et les particularités de la réception que le texte a connue. Claudel, à la toute fin de sa vie, a résumé dans une préface pour une thèse restée inédite [1] l'essentiel des rapports qu'il a entretenus avec ce texte : « L'histoire de mon drame, *L'Annonce faite à Marie*, [...] fournit un exemple du mode suivant lequel mon œuvre tout entière a trouvé son développement. [...] L'habitant intérieur, que de mal il

---

1. Celle de Jean Tipy sur « Les différentes versions de *L'Annonce faite à Marie* ».

faut se donner, que de trucs il faut combiner, que de tentations lui offrir [...] pour le décider à s'exprimer [...] dans le langage qui lui est propre et qui n'est pas du goût de tout le monde. Et dehors ? dehors la même chose ! Les gens à qui on s'adresse, tout de même si on pouvait s'attendre de leur part à de la bonne foi ! mais ils mentent ! ils mentent quand ils vous disent oui et ils mentent quand ils vous disent non [1] ! »

1. Texte daté du 29 juin 1954, publié par le *Bulletin de la société Paul Claudel,* n° 2, et repris dans la Pléiade, *Théâtre,* t. II, p. 1402.

HISTORIQUE ET POÉTIQUE
DE LA MISE EN SCÈNE

I. Principales mises en scène

Pièce la plus jouée du théâtre de Claudel et pièce parmi les plus jouées du répertoire du XXᵉ siècle, l'*Annonce*, par le nombre de ses représentations dans les pays les plus divers, défie la critique dramatique, et l'étude de ses seules mises en scène nécessiterait un volume complet. Sa vulgarisation n'a pas toujours été sans dommage. Comme le disait Claudel : « L'*Annonce* a été pas mal sabotée par un tas de petites troupes de province, de patronages, qui l'ont pas mal abîmée [...]. C'est devenu une pièce populaire. On ne peut pas s'attendre à ce qu'une pièce populaire comme *Geneviève de Brabant*, pièce en quelque sorte légendaire, soit toujours bien jouée. C'est devenu une espèce d'image d'Épinal qui produisait son effet malgré tout, si mal joué que ce soit [1]. » Il fallait évoquer ce travail obscur autour de notre texte, mais nous nous en tiendrons bien évidemment aux grandes mises en scène de référence et à quelques autres remarquables par certain aspect original.

Il ne saurait s'agir de la seule *Annonce* définitive dont nous éditons le texte. D'abord parce que, pour le théâtre, la pièce a existé bien

---

1. In *Mémoires improvisés,* Gallimard, 1954, p. 238. (Rappelons que cette série d'entretiens avec Jean Amrouche, diffusés en 1951-1952, parut d'abord en 1954, édition qui fut entièrement refondue par Louis Fournier en 1969. Nous ne renvoyons à l'édition de 1954 que lorsque le passage est absent de celle de 1969.)

avant 1948 — le sujet étant le même depuis 1892 et les problèmes scéniques posés restant les mêmes pour l'essentiel. Ensuite parce que, depuis 1948 même, il n'y a pas eu de représentation qui, selon une pratique fâcheuse mais explicable, n'ait mêlé le texte de plusieurs versions. Et même chez Hébertot en 1948 il n'est pas sûr que le texte dit en scène ait été exactement celui de notre version dite définitive. À son contact avec la scène, Claudel lui-même, a donné l'exemple du non-respect du texte, de son ajustement chaque fois nécessaire à un autre public et à des conditions générales nouvelles. Jean-Louis Barrault a été le premier à regretter autant qu'admirer la « machine à tripatouiller » du dramaturge. Nous parlerons donc des mises en scène du drame de Violaine, sans essayer de retrouver dans le détail ce qu'a pu être chaque fois le texte prononcé.

La première représentation de l'*Annonce*, qui est aussi la première représentation d'une pièce de Claudel (il a quarante-quatre ans), a eu lieu le 20 décembre 1912 à la salle Malakoff (près de Saint-Honoré d'Eylau). Lugné-Poe (1869-1940), fondateur du Théâtre de l'Œuvre et connu pour son orientation symboliste, en avait assuré la mise en scène dans des décors très stylisés de Jean Variot. Lugné jouait Anne, Mme Lara Violaine, mais l'acteur le plus loué fut Victor Magnat dans le rôle de Pierre de Craon. Lugné dira de lui : « Je ne connais qu'un acteur qui m'ait jeté dans l'admiration lorsqu'il disait du Claudel — et il était le plus souvent insupportable, bien que très doué, dans tout autre texte[1]. » Le succès fut grand et surprit. Même Antoine (1858-1943), fondateur du Théâtre libre et tenant d'une scène plus réaliste, écrit dans son *Journal* : « L'*Annonce*, de Paul Claudel, produit une très haute sensation d'art[2]. » Une tournée en Belgique, Hollande et Allemagne confirme le succès.

La deuxième étape vient aussitôt après. Claudel, alors en poste à Francfort, et qui a pu de ce fait suivre les répétitions et les représentations de Lugné-Poe, a découvert près de Dresde l'Institut d'Art de la petite ville d'Hellerau que vient de fonder Émile Jacques-Dalcroze. L'axe principal de la recherche dans cet Institut est l'accord entre la musique et le geste qui passionne Claudel, ainsi que

1. In *Dernière pirouette*, p. 37-38.
2. In *Le Théâtre*, t. II, Éditions de France, 1933, à la date du 22 décembre 1912.

le passage du parlé au chanté. Le théâtre expérimental lié à l'Institut est dirigé par un émigré russe, Alexandre von Salzmann. Son architecture est tout à fait originale : la scène peut s'organiser en trois niveaux, la lumière y joue un rôle essentiel, toiles de fond peintes et décors en carton-pâte y sont éliminés au profit de volumes construits. Un parti pris de dépouillement et de hiératisme règne sur l'ensemble. Ébloui, Claudel donne l'*Annonce* à Salzmann qui confie la mise en scène à Wolf Dohrn. Son enthousiasme, lors des répétitions, ne se dément pas. Il assiste à la première le 5 octobre 1913 qui est un succès. Le traducteur, Jakob Hegner, avait transposé l'action dans le Moyen Âge allemand : Pierre de Craon devenait Peter von Ulm ; les cathédrales aussi prenaient des noms allemands et les trompettes de Charles VII sonnaient pour l'empereur se rendant à Spire.

À côté d'autres représentations en Autriche, Allemagne et Suisse, l'événement le plus notable est en 1920, au Théâtre Kamerni de Moscou, la mise en scène de Taïrov. Quelques superbes dessins de costumes subsistent de cette représentation qui, durant les cinquante années suivantes, sera, pour des raisons idéologiques, passée sous silence. Il semble cependant que le texte et le jeu chez Taïrov accentuaient l'aspect paysan au détriment de l'aspect religieux.

En mai 1921, Gaston Baty et Firmin Gémier présentent la pièce à la Comédie Montaigne (future Comédie des Champs-Élysées) avec notamment Ève Francis dans le rôle de Violaine, Charles Dullin dans celui de Jacques, et Henri Rollan en Pierre de Craon. « Le côté lyrique et poétique est atténué, le côté dramatique et pittoresque accentué, de manière souvent douloureuse pour moi », écrit Claudel dans son *Journal* [1].

En Allemagne, les représentations continuent. Elles commencent en Italie avec la mise en scène en janvier 1933 de Beryl Tumiati au Théâtre Manzoni de Milan. En Roumanie, c'est en 1938 la mise en scène de Ion Sava au Théâtre National de Bucarest, et en 1949 au Théâtre National de Santiago du Chili la mise en scène de Fernando Debesa.

Vers la même époque, le *Journal* de Claudel nous apprend qu'en France son neveu, Jacques de Massary, songeait en novembre 1925 à aménager d'anciens bâtiments de ferme à Villeneuve pour faire représenter le drame dans son cadre même [2]. Décorateur pressenti,

---

1. Mai 1921, t. I, p. 506-507.
2. *Journal*, t. I, p. 695.

le peintre Maurice Denis y fait un voyage avec l'auteur [1]. Projet inabouti comme beaucoup de projets autour des pièces de Claudel, mais intéressant par l'idée que l'on retrouvera souvent de sortir l'*Annonce* d'un théâtre et de jouer dans un lieu naturel.

C'est dans un théâtre pourtant, celui de l'Œuvre, que Pierre Franck en 1941 met à nouveau la pièce en scène avec la compagnie « Le Rideau des Jeunes » : première apparition sur une scène claudélienne d'Alain Cuny (il joue Pierre de Craon), dont la stature et la voix s'imposent du premier coup. Cocteau a beau ironiser dans son *Journal* devant une imagerie trop pieuse allant dans le sens d'une politique de soumission : « Le succès de l'*Annonce* de Claudel en 1942, c'est le succès de *Cyrano* après Fachoda [2] », ces représentations rencontrent une large adhésion.

Retour d'Amérique du sud où il a très souvent joué la pièce pendant la guerre, Jouvet en 1946, dans la même mise en scène, la remonte à l'Athénée. « Effroyable », note Claudel dans son *Journal* [3], qui en écrit ensuite à Jouvet [4].

La représentation au Théâtre Hébertot en mars 1948 ne partait pas bien non plus. Claudel proteste contre les deux pièces qui doivent précéder la sienne : la *Jeanne d'Arc* de Péguy et une pièce belge « idiote » : *Tous les chemins mènent au ciel* où il voit un plagiat de l'*Annonce*. Il proteste encore contre une alternance avec *Le Maître de Santiago* de Montherlant. Pourtant, dans une mise en scène de Jean Vernier, le spectacle obtint un très grand succès. Alain Cuny y reprenait le rôle de Pierre de Craon, Hélène Sauvaneix jouait Violaine, Jean Hervé le Père, Ève Francis la Mère. Quant à Carmen Duparc qui interprétait Mara, Claudel ne tarit pas d'éloges sur elle. Il goûte aussi la musique de Maria Scibor, pseudonyme de Louise sa fille illégitime, et il note même dans son *Journal* avoir reçu une lettre enthousiaste d'un garde républicain qui avait suivi avec passion une des représentations de l'*Annonce* [5].

1. *Journal*, 28 mai 1927, t. I, p. 772. En 1912, Maurice Denis avait illustré le programme lors de la création par Lugné-Poe et, en 1940, il illustrera une édition de luxe publiée par Blaizot.

2. Cocteau, *Journal 1942-1945*, Gallimard, 1989, p. 31.

3. T. II, p. 555.

4. *Claudel homme de théâtre*, *Cahiers Paul Claudel* VI, 1966, p. 221.

5. *Journal*, t. II, p. 634.

Claudel a alors quatre-vingts ans. Depuis longtemps, la Comédie-Française lui avait demandé la pièce mais, au moment de la monter, des obstacles avaient toujours surgi[1]. Rappelons que Jouvet alors avait décliné l'offre, que Copeau, maintenant installé à Pernand en Côte-d'Or et tout en projetant une *Annonce* en plein air, laisse traîner les choses pour la Comédie-Française et finalement récuse les maquettes de décor esquissées par José-Maria Sert, un ami de Claudel[2]. Très ambitieux, les projets de Copeau lui-même ne plaisent pas à Claudel qui les repousse avec brusquerie. Copeau se retire. Dullin est alors chargé à son tour de la mise en scène. Un an après, en 1939, lui aussi renonce faute, semble-t-il, de pouvoir prendre assez d'indépendance à l'égard de l'auteur, en particulier pour la musique. Ce n'est finalement qu'en 1955, quelques jours avant la mort de Claudel, que, dans une mise en scène de Julien Bertheau, l'*Annonce* parut au Français. Le vieil homme en a semblé content. Mais cette représentation n'a pas fait date. La même année, Jean Dasté, gendre de Copeau, montait avec la Comédie de Saint-Étienne une chaleureuse *Annonce,* suivie d'une tournée triomphale dans le Sud-Est.

Depuis la mort de Claudel, outre de nombreuses mises en scène en Belgique et toujours en Allemagne, on retiendra en France deux remarquables *Jeune Fille Violaine.* La première est celle qu'a présentée Jean-Pierre Dusséaux en 1977 au Biothéâtre (Théâtre de la Potinière). D'une cohérence et d'une clarté exceptionnelles, le souvenir de cette mise en scène reste surtout lié au décor et aux costumes d'Alain Batifoulier. Leur dureté lumineuse et géométrique s'est révélée en parfait accord avec le texte claudélien. La seconde de ces mises en scène est celle de Brest, en 1986-1987, sous la direction d'Yves Moraud. Interprétées par des acteurs jeunes, ces représentations ont illustré l'étonnante plasticité de la pièce, touchant les

1. Sur le détail de ces péripéties, voir *Cahiers Paul Claudel* VI, Gallimard, 1966.
2. Claudel lui-même (*Journal,* 14 février 1938, t. II, p. 223) reconnaît l'inadéquation de ce décor, sans pour autant le rejeter : « Vu les décors de Sert pour l'*Annonce.* Tout ce qu'il y a de plus espagnol ! Et il se figure que c'est l'Île-de-France ! Ça m'est égal. Tout vaut mieux que les ogives et le faux gothique. »

publics les plus inattendus et s'épanouissant aussi bien en salle que dans de grandioses cadres naturels.

Pour revenir à l'*Annonce*, dans un décor dépouillé de panneaux aux couleurs sombres, Jean-Pierre Rossfelder en 1988, au Théâtre 14, a donné de l'ensemble une version classique et rigoureuse où se détachaient Josette Boulva dans le rôle d'Élisabeth et surtout Michel Etcheverry dans celui du Père.

Notons encore en 1989-1990, à Bruxelles et en tournées, l'*Annonce* mise en scène par Frédéric Dussenne, dans laquelle les paysans de Chevoche, utilisés comme un chœur, accompagnaient toute l'action et faisaient le lien avec le public. Mais la représentation-choc de l'*Annonce* aura été en 1990-1991 la mise en scène violente qu'en a faite Philippe Adrien à la Cartoucherie de Vincennes. Le ton adopté, très proche et familier, y renouvelait avec naturel les morceaux les plus célèbres. La performance d'Hélène Lapiower dans Mara a un peu injustement éclipsé la franchise du jeu de Violaine (Béatrice Delavaux) et surtout de Jacques (Jacques Gamblin) [1].

Enfin comment ne pas signaler, même s'il s'agit de cinéma, le film l'*Annonce faite à Marie*, que préparait depuis longtemps Alain Cuny, et qui est sorti en 1991 ? La pièce, ressaisie par le grand acteur, y prend une vitalité nouvelle où la lenteur, l'indifférence apparente, le rituel du jeu sont accompagnés de superbes images symboliques du monde naturel. Union intime et délectable de spirituel et de concret.

II. Principaux problèmes de la mise en scène

Monter l'*Annonce* a toujours posé de nombreux problèmes au metteur en scène, ne serait-ce que d'opportunité religieuse ou politique, de distribution ou de diction. Quatre parmi eux dépassent les circonstances d'un moment et reviennent se poser tout au long de l'histoire des représentations depuis quatre-vingts ans : le problème du décor et des costumes, celui de la construction de l'espace scénique, celui de la place à donner aux éléments d'orchestration, enfin le redoutable équilibre entre intensité et noblesse dans le jeu.

1. Autour des mises en scènes de l'*Annonce*, il y a eu également toutes sortes d'histoires curieuses dont Claudel donne une idée dans ses *Mémoires improvisés*, Gallimard, 1954, p. 242.

Le danger d'une scène encombrée n'a pas toujours été évité. Claudel a eu beau préciser que son Moyen Âge était un Moyen Âge « de convention », la tentation est grande d'alourdir le plateau par la reconstitution d'un intérieur paysan : on a vu même des volailles traverser la scène pour que le public ne puisse douter du réalisme de la pièce. Certes le texte est concret, mais si on le prononce ce n'est pas pour le redoubler aussitôt par l'image, et parfois même chercher à le compléter. Les meilleurs décors que Violaine ait connus ont été les décors dépouillés des spectacles de Dusséaux ou de Rossfelder. Ceux de la Comédie-Française en 1955 ont laissé en revanche de pénibles souvenirs. Dans l'*Annonce,* comme toujours chez Claudel, le décor matériel est support du vrai décor que la parole crée. Pour les costumes au contraire, une certaine recherche semble s'imposer d'où la liberté n'est pas exclue : ceux du film d'Alain Cuny, passée la surprise que cause leur beauté, sont parmi les plus forts que l'on puisse imaginer. Un équivalent pour le théâtre doit pouvoir être trouvé. N'oublions pas de toute manière la dalmatique de diacre que porte Violaine à la scène 3 de l'acte II. Ce costume somptueux, même s'il tranche sur les autres, leur donne sens et direction.

Une construction différente de l'espace scénique peut transformer la représentation et la pièce elle-même. Au lieu d'une succession à l'horizontale de tableaux joués devant des décors qui se renouvellent, Claudel a expérimenté à Hellerau la vertu de la verticalité, la force d'une scène divisée dans le sens de la hauteur en plusieurs étages où se jouent les plans différents de l'action. Les volumes et la lumière jouent alors le premier rôle, entraînant un bénéfique dépouillement du plateau. Cette leçon d'Hellerau, difficile à appliquer partout, Claudel en a conservé l'essentiel dans les didascalies de la version définitive. Il imagine une structure spatiale unique dans laquelle seuls quelques éléments mobiles changent d'une scène à l'autre, avec en particulier un élément de verticalité utilisé pour la deuxième partie de l'acte III. Ce caractère homogène, conventionnel et ascensionnel, de l'espace ainsi rêvé — et en grande partie réalisé par Jean Vernier lui-même (Hébertot, 1948) — est la dernière idée d'espace à laquelle Claudel se soit arrêté pour l'*Annonce.*

Parmi les éléments d'orchestration de la pièce, Claudel a été particulièrement sensible à la musique. Entendue au sens large sous forme de bruits, de sons, de cloches, d'appels de trompette ou de chants, elle joue un rôle capital à l'intérieur du drame, renforcée par l'usage longtemps établi d'une musique de scène qui, sans insistance

mais avec régularité, soulignait l'action et les changements impor-
tants du plateau. Une idée pour cette musique de l'*Annonce* put être
trouvée dans la *Jeanne d'Arc au bûcher* qu'a composée Honegger sur un
texte de Claudel. Mais quelle que soit la musique, sa nécessité ne fait
aucun doute, et du même coup apparaît la nécessité du personnage
collectif, cet embryon de chœur que constituent au début de
l'acte III les paysans de Chevoche. La tentation est grande, pour des
mises en scène pauvres ou pour alléger le travail, de tronquer ou de
supprimer ces scènes où par ailleurs la musique joue un rôle
essentiel. Les conséquences sont graves pour le drame qui s'en
trouve transformé et réduit à une tragédie à six personnages. L'un
des mérites de Frédéric Dussenne (Bruxelles, 1989) a été au
contraire, en allant au-delà même des indications de Claudel,
d'étendre au premier et au dernier acte la présence de ce personnage
collectif et de faire qu'il implique les spectateurs eux-mêmes dans
l'action. La pièce semblait trouver alors toute sa résonance.
L'amplification des éléments d'orchestration correspond à l'esprit de
l'*Annonce*

Reste enfin le couple redoutable noblesse et intensité dans le jeu
des acteurs. À trop penser dignité, on tombe dans l'académisme, la
fadeur, l'ennui, et qui plus est le ridicule. À trop penser intensité,
l'obsession du mouvement, du cri, de la gesticulation noie le texte
dans un expressionnisme qui, si travaillé qu'il soit, apparaît souvent
puéril. Il faut évidemment tenir des deux côtés et équilibrer l'un par
l'autre. Deux moyens pour cela. Écouter d'abord et méditer la leçon
des plus grands acteurs claudéliens, les Etcheverry, Casarès ou
Cuny. Il faut ensuite repartir du vers claudélien lui-même : forme
aussi mouvante que solide dans son rythme, qui, si l'on s'attache à la
respecter, inscrit le texte au cœur de notre souffle et de notre
émotion. Comme l'a plusieurs fois dit Antoine Vitez, chez Claudel le
vers est corps et détient la clé du jeu. Retrouvé, il prévient aussi bien
les deux excès : l'agitation vaine et la dignité vide. Et peut-être
l'acteur gagnera-t-il également à tenir compte des recommandations
que dès 1912 Claudel faisait aux interprètes de la première
représentation de l'*Annonce* : « L'acteur est un artiste et non pas un
critique. Son but n'est pas de faire comprendre un texte, mais de
faire vivre un personnage [...]. Le principe du grand art est d'éviter
sévèrement ce qui est inutile. Or les évolutions des acteurs qui se
promènent continuellement de long en large sur la scène sous
prétexte de la remplir, qui se lèvent, qui se retournent, qui

s'assoient, sont parfaitement inutiles. Rien ne m'agace comme l'acteur qui essaie de peindre en détail sur sa figure chacune des émotions que le discours de son partenaire lui procure. Qu'il sache rester tranquille et immobile quand il le faut, fût-ce au prix d'une certaine gaucherie, dont le spectateur au fond lui saura gré [1]. »

1. *Mes idées sur le théâtre*, 1966, p. 37 et 39.

BIBLIOGRAPHIE

A. Pour aborder Claudel

Gérald ANTOINE, *Paul Claudel ou l'enfer du génie,* Robert Laffont,
    1988.
Paul-André LESORT, *Claudel par lui-même,* Le Seuil, 1963.

B. Pour aborder le théâtre de Claudel

Paul CLAUDEL, *Mes idées sur le théâtre,* textes recueillis par Jacques
    Petit et Jean-Pierre Kempf, Gallimard, 1966.
Michel LIOURE, *L'Esthétique dramatique de Paul Claudel,* Armand
    Colin, 1971.

C. Pour une interprétation d'ensemble du théâtre de Claudel

Jacques PETIT, *Claudel et l'usurpateur,* Desclée de Brouwer, 1971.
Marianne MERCIER-CAMPICHE, *Le Théâtre de Claudel ou la puissance
    du grief et de la passion,* Jean-Jacques Pauvert, 1968.
Michel MALICET, *Lecture psychanalytique de l'œuvre de Paul Claudel,*
    3 tomes, Les Belles Lettres, 1979.
    Numéro spécial de la revue *Europe* de mars 1982.
    La Dramaturgie claudélienne, colloque de Cerisy, Klincksieck, 1988.

D. Sur La Jeune fille Violaine *et* L'Annonce faite à Marie

L'ouvrage de base, malheureusement épuisé, est celui de Jean-Noël Segrestaa, *L'Annonce faite à Marie de Paul Claudel*, coll. Profil d'une œuvre, Hatier, 1973.

On pourra lire :

Marthe BAUDOUIN, « Les Cycles bibliques de Violaine » in *Cahier canadien Claudel n° 10*, Ottawa, Éd. de l'Université, 1978.

Joseph BOLY, *L'Annonce faite à Marie, étude et analyse*, L'École, 1957 et 1965.

— *Mélanges claudéliens*, Société Paul Claudel en Belgique, 1981.

Jacqueline BROILLARD, « La Réhabilitation de Mara » in *Revue des Lettres modernes* n° 2, Minard, 1965.

Vaclav CERNY, « La Bohème à un moment de l'évolution dramatique de Claudel : de *La Jeune fille Violaine* à *L'Annonce faite à Marie* », in *Cahiers Paul Claudel* n° 9, « Prague », Gallimard, 1971.

Xavier ENGELHARD, *Sagesse de Violaine*, Éditions de la Revue des jeunes, 1944.

André ESPIAU DE LA MAESTRE, « *L'Annonce faite à Marie*, étude critique », in *Les Lettres romanes*, 1962, n°s 1, 2 et 3.

Gisèle FEAL, « La signification de la lèpre dans *L'Annonce faite à Marie* », in *Claudel Studies* n° 1, Dallas, 1975.

Jeanne LE HIR, *Une lecture de la deuxième version de La Jeune Fille Violaine*, Presses universitaires de Grenoble, 1979.

Michel LIOURE, « L'espace et le temps dans *L'Annonce faite à Marie* de Paul Claudel », in *Travaux de linguistique et de littérature*, XXV, 2, Strasbourg, 1987.

Jacques METTRA, *L'Annonce faite à Marie*, coll. Lire, Hachette, 1976.

Monique PARENT, « Les Éléments lyriques dans *L'Annonce faite à Marie* », in *Revue d'Histoire du Théâtre*, 1968, n° 3.

Walter WILLEMS, *Introduction à l'Annonce faite à Marie*, Éditions universitaires, 1945.

E. Revues et collections

On trouvera en outre de nombreux passages consacrés à *Violaine* et à l'*Annonce* dans les Bulletins des Sociétés Claudel française et belge, dans les *Cahiers Paul Claudel* publiés par Gallimard (notamment les n°s 5, 6, 9 et 10), dans les *Cahiers canadiens Paul Claudel*, dans les *Claudel Studies* de Dallas et dans *La Revue des Lettres modernes* publiée chez Minard.

NOTES

Page 35.

1. « C'est en feuilletant un magazine américain qu'un beau jour une jeune fille de la famille de Claudel s'écria : " Mais voilà le décor de *l'Annonce !* "

" Un vaste édifice aux piliers carrés, avec des charpentes en ogive qui viennent s'y appuyer ", c'était bien là ce que montrait l'image du magazine : un manoir anglais de 1240, Stocksey Hall, miraculeusement intact.

Paul Claudel, en voyant la photographie, eut un violent choc, celui de la sensation de " déjà vu ". Cet intérieur qui lui apparaissait était celui-là même que son imagination poétique avait jadis créé pour la pièce » (interview par Pierre Mazars, *Le Figaro littéraire*, 6 mars 1948, reprise dans *Théâtre*, Pléiade, 1965, t. II, p. 1393).

Page 40.

1. Livre de Moïse : il s'agit des chapitres 13 et 14 du *Lévitique*.

2. Géyn : ce nom qui signifie « géhenne », « enfer » désigne, dans une forêt proche de Villeneuve-sur-Fère, une zone accidentée de sables et de grands blocs de grès aux formes fantastiques, terrain de jeux et de rêves pour les enfants Claudel. On y a vu aussi une déformation de « Géants ».

Page 41.

1. La ferme de Combernon, qui existe encore près de Villeneuve, est remarquable par l'ampleur de sa conception et par sa haute porte-pigeonnier.

2. Monsanvierge : le nom, qui parle de lui-même, est vraisemblablement de l'invention de l'auteur.

Page 42.

1. Rheims : orthographe ancienne de Reims produisant un effet
de noblesse et de solennité. Mais il est à noter que Louise, la sœur de
Claudel, écrit très naturellement « Rheims » (cf. *Journal* de Claudel,
Pléiade, t. I, p. 415).

Page 43.

1. L'Angélus : prière catholique très populaire en l'honneur du
mystère de l'Incarnation (cf. *L'Angelus* de Millet). Elle était récitée
chaque jour au son de la cloche, le matin, à midi et le soir. On la
désigne par son premier mot : « Angelus ». Claudel en a donné le
début comme titre à sa pièce : « Angelus Domini nuntiavit
Mariae », c'est-à-dire : « L'Ange du Seigneur a annoncé à Marie. »
2. *Regina coeli, laetare, laetare* : « Reine du ciel, réjouis-toi, réjouis-
toi », antienne en l'honneur de Marie et de la Résurrection, chantée
au moment de l'Angelus durant le temps pascal.
3. *Pax tibi :* salutation liturgique : « Que la paix soit avec toi. »

Page 44.

1. À cause de la colombe du Saint-Esprit, on peut songer à un
symbole de la Trinité divine. La ponctuation inusuelle de ce passage
contribue à créer une atmosphère mystérieuse.

Page 45.

1. Sur l'importance de la notion de justice chez Claudel, voir
Josée Van de Ghinste, *La Recherche de la justice dans le théâtre de Claudel*,
Nizet, 1980.
2. Il y a à Reims deux églises du Moyen Âge, la cathédrale Notre-
Dame et la basilique Saint-Remi, orthographiée ici Saint-Remy.
3. Parc-aux-Ouilles : sans doute la place du marché aux moutons
(ouailles).
4. Marc-de-l'Évêque : l'alambic de l'évêque. Cet antan : l'an
passé.
5. Sainte Justice : la Justice a donné lieu à de nombreuses
compositions allégoriques mais on ne connaît pas à proprement
parler de sainte de ce nom.

Page 46.

1. « Justice servante du Seigneur [repose] en paix. »

Page 50.

1. Fisme : ville très ancienne, à 27 km de Reims, d'ordinaire orthographiée « Fismes ».

2. Drome : navire de guerre à rames, au Moyen Âge.

3. Laon : la cathédrale de Laon, une des plus anciennes de France, est célèbre par la hauteur de ses tours.

Page 52.

1. Notre-Dame de la Couture : la « couture » était un nom donné aux terres médiocres. Mais d'autres hypothèses restent possibles.

Page 56.

1. La Saint-Michel : le 29 septembre.

Page 66.

1. Notre cens des Demi-Muids : la redevance qui nous est due sur la terre des « Demi-Muids » (le muid est une ancienne mesure de capacité). Le nom de cette terre semble indiquer qu'elle n'est pas très fertile.

Page 68.

1. Château : Château-Thierry, ville de l'Aisne, à 50 km de Laon, sur la Marne.

2. L'autre roi : Charles VII.

Page 70.

1. Isaïe, chap. 3, versets 1-4.

2. L'Anglais : le tout jeune Henri VI d'Angleterre, officiellement reconnu roi de France, est resté dans son pays tandis que son oncle Bedford est régent du royaume de France.

3. Charles VII (cf. v. 342), replié dans la vallée de la Loire, réside souvent à Chinon.

4. Effet du Grand Schisme d'Occident (1378-1429), il y eut en effet au début du XVe siècle trois papes : celui d'Avignon, Benoît XIII ; celui de Rome, Grégoire XII, et Alexandre V, élu par le concile de Pise (1409).

5. En Suisse : le concile de Constance élut pour pape en 1417

Martin V. Reconnu par l'ensemble de la chrétienté, ce dernier mit fin au schisme. Claudel contracte le temps puisque la chevauchée de Jeanne (v. 1110 sq.) est de 1429.

Page 78.

1. Agache : nom donné à la pie. On trouve d'ordinaire « agasse » ou « agace ».

2. Cesse : sorte de prune sauvage. Le mot se retrouve dans la scène VIII de *Jeanne d'Arc au bûcher*.

3. Gnolle (ou gnole, ou gniole) : sot, niais

Page 79.

1. Chinchy : village des environs de Villeneuve, plusieurs fois mentionné dans le *Journal* de Claudel.

Page 82.

1. Chevoche : autre village proche de Villeneuve.

Page 83.

1. Saponay : encore un village proche de Villeneuve.

2. Falot : drôle, plaisant, grotesque. Le sens habituel de « pâle, effacé » est erroné.

Page 85.

1. Radulphe le Franc : le personnage n'est pas identifiable avec certitude. On peut penser à Radulf, chef franc, qui devint duc des Thuringiens au VIe siècle, mais aussi à Rodolphe 1er, roi de la Bourgogne transjurane (888-912), et peut-être aussi au Radon, fils d'Autharius le seigneur de la région de Jouarre, qui fonda le monastère de Reuil-sur-Marne.

2. Geneviève de Paris : la future sainte Geneviève, après avoir détourné la menace des Huns, devint la patronne de Paris.

Page 95.

1. *Salve Regina* : autre prière à Marie (cf. v. 62) :

Salut Reine, mère de miséricorde,
Notre vie, notre douceur, notre espoir, salut.
Vers toi nous crions, fils exilés d'Ève,
Vers toi nous soupirons, gémissant et pleurant dans cette vallée de larmes.

Ô toi donc, notre avocate, tes yeux pleins de pitié, tourne-les vers nous.
Et Jésus, le fruit béni de ton ventre, après cet exil montre-le-nous.
Ô clémente,
Ô pieuse,
Ô douce Vierge Marie !

Page 99.

1. Braine : la réputation de ce village, proche de Villeneuve, n'était pas bonne, les sonorités du nom aidant.

Page 110.

1. Exemple d'un vers à la syntaxe rude, dont la lecture est difficile mais qui, dit en scène par une actrice, apparaît d'une clarté parfaite. Il en est souvent ainsi chez Claudel.

Page 111.

1. Béat : qui jouit en paix, dans le ciel, de la gloire éternelle. C'est aussi le nom que portaient certains moines.

2. Tourier : portier d'une maison religieuse.

3. Convers : religieux qui ne chante pas au chœur et qui est chargé du service domestique de la communauté.

Page 122.

1. Ladrerie : ou maladrerie, ou léproserie.

Page 133.

1. Bruyères : vraisemblablement Bruyères-sur-Fère, près de Villeneuve.

2. Texte biblique du prophète Isaïe (chap. 40, verset 3) : « Voix de celui qui crie dans le désert : Préparez les chemins du Seigneur [...] et les routes tortueuses deviendront droites et les routes dures à escalader deviendront planes. » Repris par les évangélistes, ce texte figure dans l'Évangile du quatrième dimanche de l'Avent (saint Luc, 3,4-6).

3. Fête-Dieu : fête en l'honneur du Saint-Sacrement. Le parcours de la procession était jonché de fleurs.

4. Gog et Magog : noms de Satan dans l'*Apocalypse*. Le couple grotesque du Roi d'Abyssinie et de sa femme Bellotte reviendra dans *Jeanne d'Arc au bûcher* (scène VIII) sous les noms d'Heurtebise et la Mère aux Tonneaux.

Page 135.

1. Charles VII a été sacré à Reims le 17 juillet 1429. D'après les témoignages du *Procès de réhabilitation*, « le peuple venait au-devant du roi, exultant et criant Noël ». Par ailleurs, parti de Gien le 25 juin, Charles VII est passé par Auxerre, Troyes et Châlons-sur-Marne. C'est au retour, à la fin de juillet, qu'il est passé à Château-Thierry, dans la région de l'*Annonce*. Claudel aménage librement le temps et l'espace historiques.

2. Épiphanie : fête des Rois célébrée le 6 janvier. La date de naissance de Jeanne n'est pas connue avec certitude. La tradition l'associe en effet à l'Épiphanie.

Page 136.

1. Les Bourguignons, partisans du duc de Bourgogne, et les Armagnacs, tenants du connétable d'Armagnac, se faisaient alors une guerre civile sans pitié. Dans cette fin de la guerre de cent ans, le duc de Bourgogne pactisait avec l'Angleterre tandis que les Armagnacs, autour de Charles VII, étaient appelés les « vrais Français ».

2. *Gloria* : prière récitée dans le début de la messe.

Page 137.

1. *Lux fulgebit* : « la lumière brillera », premiers mots de la prière d'entrée (*introït*) par lesquels on désigne la messe de l'Aurore. La messe de l'Aurore est la seconde des trois messes de Noël, entre la messe de minuit et la messe du jour.

2. Réguliers : religieux soumis à une règle.

3. Notre-Seigneur : la fête des Rameaux, une semaine avant Pâques, commémore cette entrée du Christ à Jérusalem.

Page 139.

1. Le sicle est une monnaie juive d'argent pur. « Le Sicle du Sanctuaire » ou « Sicle Royal » était très estimé, car il avait toujours conservé le poids légal.

Page 142.

1. Voult : mot vieilli et noble pour « visage, face ».

Page 143.

1. Coincy : gros village, à 15 km de Château-Thierry.

Page 145.

1. La d'vourée : sans doute « la dévorée », celle dont le visage est dévoré par la lèpre.

Page 150.

1. De ce vers au vers 1290, l'affrontement entre les deux sœurs est marqué par une stichomythie assonancée.

Page 168.

1. Nocturnes : prières liturgiques récitées la nuit. Par ailleurs cette lecture sur l'estrade à un large auditoire rappelle, dans la Bible, le livre de *Néhémie,* chap. 8, versets 3-6.

2. Isaïe, chap. 9, verset 1. Ce texte est le début de la première des lectures dans les Nocturnes de la nuit de Noël.

Page 169.

1. Début de la quatrième lecture.
2. Suite immédiate de la lecture précédente.

Page 170.

1. Luc, chap. 2, verset 1 : début de l'Évangile de la messe de minuit.
2. Début de la septième lecture des Nocturnes : Mara revient en arrière dans la lecture de l'office.

Page 175.

1. Le jas de l'œil : expression imagée : le jas est un tuyau qui permet de faire passer l'eau.
2. Le jour des Innocents : le 28 décembre.

Page 180.

1. Cathèdre : siège de solennité à accoudoirs et dossier droit.

Page 183.

1. Mésel : mot vieilli qui signifie lépreux.

Page 186.

1. C'est, dans la Bible, le premier vers du *Cantique des cantiques.*

Page 187.

1 et 2. Anne Vercors récite le début de l'*Angelus,* cf. vers 62.

Page 192.

1, 2 et 3. L'*Angelus* est cette fois (cf. vers 1734) récité en entier.

Page 199.

1. Pax : paix.

2. « Gloire à Dieu au plus haut des cieux et sur la terre paix aux hommes de bonne volonté. »

3. Cf. vers 62.

Page 200.

1. *Explicit* : formule médiévale indiquant la fin d'un ouvrage.

RÉSUMÉ

Prologue. Dans un « Moyen Âge de convention », Violaine, fille aînée d'un riche paysan champenois Anne Vercors, salue au petit matin le départ de leur hôte l'architecte-bâtisseur d'églises Pierre de Craon qui a naguère voulu la violer. Il est maintenant atteint de la lèpre. Émue de pitié, Violaine lui donne un baiser que surprend sa jeune sœur Mara.

Acte I. Dans la matinée du même jour, Anne Vercors annonce à sa femme qu'il a décidé le mariage de Violaine avec Jacques Hury. Il annonce aussi qu'il part pour Jérusalem prier pour que finissent les divisions de la France et de l'Église. Fiançailles des jeunes gens et adieux solennels du Père.

Acte II. Mara aime Jacques et jalouse sa sœur. Elle contraint la Mère à parler en sa faveur à Violaine, et sème le soupçon dans l'esprit de Jacques. Celui-ci, au cours d'une grande scène d'amour avec Violaine, apprend de cette dernière qu'elle est devenue lépreuse. Le jeune homme y voit une confirmation des accusations de Mara. Il accable Violaine de reproches et la conduit sur sa demande à la léproserie du Géyn.

Acte III. Pendant la veillée de Noël, sept ans après, des paysans attendent le passage de Jeanne d'Arc en route pour le sacre du Roi à Reims. Mara arrive, apportant à sa sœur maintenant aveugle et défigurée la petite fille qu'elle a eue de Jacques et qui est morte soudainement. La douleur sauvage de Mara arrache à Violaine le miracle : la petite Aubaine revient à la vie mais ses yeux sont devenus bleus comme ceux de Violaine.

Acte IV. Le miracle a redoublé la haine de Mara contre sa sœur. Elle a voulu la tuer en la précipitant dans une sablière. Jacques est

sur le point de découvrir la vérité quand le Père revient, portant
Violaine dans ses bras. Devant tous, Mara se justifie avec âpreté. La
conscience revient un moment à Violaine qui pardonne et meurt
dans l'apaisement général. Le Père scelle sur son corps l'union de
Jacques et de Mara. La pièce finit avec les dernières notes de
l'*Angelus*.